사례중심 돌봄의 의미와 철학의 향이 담긴 이야기

마음이 닿아야 비로소 보이는 것들

김 재 경 지음

도서출판 홍광

책을 열며

내옆에 소중한 사람이 있다

살다 보면 누구나 지치고 외로운 순간이 찾아온다. 그때 옆에 서 있는 사람이 있다는 사실은 말로 다 할 수 없는 위로가 된다. 따뜻한 눈빛 하나, 무심히 건네는 말 한마디, 조용히 잡아주는 손길 하나가 삶을 다시 일으켜 세워 준다. 그런 순간들 속에서 우리는 깨닫게 된다. **마음이 닿을 때 비로소 보이는 것들이 있다는 사실을.**

우리는 종종 멀리 있는 큰 행복을 찾지만, 사실 가장 큰 행복은 가까이에 있다. 바로 "내 옆에 소중한 사람이 있다"는 그 단순한 사실에서 시작된다. 다만 마음이 닿지 않으면, 그 소중함은 곁에 있어도 보이지 않는다. 마음이 닿을 때에야 비로소, 함께 있다는 사실의 의미가 또렷해진다.

돌봄이라고 하면 흔히 병든 사람, 노인, 사회복지 현장을 떠올리곤 한다. 하지만 돌봄은 특정한 직업이나 제도 속에서만 존재하지 않는다. 돌봄은 관계 속에서 자연스럽게 피어나는 삶의 태도이며, 마음이 먼저 다가갈 때 비로소 드러나는 행동이다.

아이를 키우는 부모의 마음도 돌봄이고, 친구에게 건네는 위로도 돌봄이다. 직장에서 서로의 고단함을 이해 해주는 격려도 돌봄이며, 이웃에게 전하는 따뜻한 인사 또한 돌봄이다. 누구나 살아가면서 돌봄을 주기도 하고, 받기도 하며, 그 과정 속에서 우리의 삶은 조금 더 단단해진다. 이는 마음이 오가는 자리에서만 가능한 일이다.

돌봄은 결코 한 방향이 아니다. 돌보는 사람은 주는 동시에 배우고 성장한다. 돌봄을 받는 사람은 도움을 받는 동시에 감사와 신뢰를 통해 세상을 새롭게 바라보게 된다. 마음이 닿는 관계 속에서 우리는 서로에게 영향을 주고받으며 함께 변해 간다.

결국, 우리는 모두 돌봄의 주체이자 대상이 된다. 어린 시절에는 돌봄을 받으며 자라고, 성인이 되어서는 돌봄을 나누며 살며, 나이가 들면 다시 돌봄을 필요로 한다. 이처럼 돌봄은 인생의 시작과 끝을 잇는 고리이며, 세대를 넘어 이어지는 보이지 않는 힘이다. 그 힘은 언제나 마음이 닿는 순간부터 작동한다.

돌아보면 인생에서 가장 오래 남는 기억은 큰 성공이나 특별한 사건이 아니라, 누군가 옆에 있어 주었던 순간이다. 아픈 날 밤을 지켜주던 가족, 힘겨운 시기에 함께 걸어주던 친구, 말없이 미소 지어주던 이웃. 그리고 거동이 불편하고 기억을 잃어버린 사람의 곁을 묵묵히 지켜주던 사람들. 그런 순간들 역시 마음이 닿아 비로소 선명해진 기억들이다.

이 책은 그런 순간들을 이야기하려 한다. 사회복지 현장에서 만난 이야기뿐 아니라, 가정과 일상, 관계 속에서 피어난 작은 돌봄의 장면들까지 함께 나누고자 한다. 왜냐하면 돌봄은 어느 한 장소에만 있는 것이 아니라, 우리 삶의 모든 자리에 조용히 숨어 있기 때문이다. 그리고 그 자리는 늘 마음이 먼저 닿을 때 비로소 보인다.

나 또한 누군가의 곁을 지켜주는 사람이 되기를 바라는 마음이다.

돌봄이 결국 인간다운 삶을 이어주는 가장 근본적인 힘임을 마음 깊이 새기기를 기대하는 마음으로 이 글을 쓴다.

삶은 혼자 꾸려갈 수 없는 여정이다. 곁에 있어 주는 이, 그리고 내가 옆에 서 줄 수 있는 이가 있기에 인생은 더욱 풍요로워진다. 부디 이 책이 독자 여러분의 마음에 작은 울림이 되어, 지금 곁에 있는 사람의 소중함을 다시 한번 느끼기를 소망한다.

그리고 언젠가 그 곁을 지켜주는 사람이 되고자 다짐하는 순간, 우리는 마음이 닿아야 비로소 보이는 것들을 발견하며, 더 따뜻한 사회, 더 인간다운 삶에 한 걸음 다가가게 될 것이다.

천보산 아래에서

김 재 경 씀

차 례

제1부 따뜻한 관계 속 특별한 만남

1. 마지막 둥지, 하룻밤 11
2. 부모의 마음, 자식의 눈 16
3. 다시 웃는 그녀 21
4. 꽃 모자 할머니의 비밀 25
5. 오늘의 자리 30
6. 우리 집에 명절 손님이 왔어요 35
7. 어머니의 소파 40
8. 어떻게 떠나야 하는 가 46
9. 언니가 있는 길 50

제2부 터널속 불빛아래 평안의 돌봄

1. 그 날의 손길 59
2. 작은 오해 큰 배움 63
3. 비오는 날, 형아의 눈물 68
4. 여름의 그림자와 빛 73
5. 어둠 속에 등불 79
6. 그날, 돌봄이 멈춘자리 88
7. 돌이킬 수 없는 순간 94
8. 기후위기가 돌봄위기 102
9. 그들을 붙잡는 힘 108

제3부 불편한 진실속에 새로운 만남

1. 씁쓸한 제본 117
2. 허물지 못한 벽 122
3. 하루전의 통보 128
4. 첫 날의 상처 133
5. 침묵대신 목소리를 138
6. 보험료를 택한 길 143
7. 부탁의 무게 153
8. 차 한잔의 값 158
9. 휴관일에 커피 한잔 164

제4부 지는 석양 아래 희망의 돌봄

1. 사라진 한 사람 171
2. 집에 가야 돼 178
3. 남는 건 아무것도 없다 186
4. 미뤄진 용기의 대가 191
5. 저물어가는 석양 198
6. 두 번째 봄 204
7. 바닷가에서 마주한 노년의 빛 213
8. 기억이 머무는 자리 219
9 우리는 서로의 거울이었다 226

맺는 말 232

1부

따뜻한 관계 속 특별한 만남

01

마지막 둥지, 하룻밤

아들의 손을 잡고 오래된 골목 안으로 발걸음을 옮겼다.

집은 오래전 모습 그대로는 아니었다. 벽은 벗겨졌고 앞마당은 잡초로 뒤덮였다. 하지만 그는 단번에 알아보았다. 이곳은 분명 자신의 둥지였다.

이성준은 낡은 대문 앞에서 한 참이나 서 있었다. 이제 곧 철거될 고향집이다. 도로 확장공사가 시작되며 이곳은 흔적도 없이 사라질 터였다. 아들의 손을 꼭 잡고 서 있는 그는 지난 세월이 한꺼번에 밀려와 숨이 막힐 것 같았다.

대문 손잡이를 잡는 순간, 오랫동안 닫혀 있던 문이 끼익 소리를 내며 열렸다. 먼지 냄새가 밀려왔지만, 그에게는 익숙하고 정겨운 향기였다. 어머니가 문 앞에서 기다리며 "준아, 얼른 들어와라." 하던 모습이 눈앞에 아른거렸다.

"아빠, 여기가 정말 어릴 적 살던 집이에요?"

아들이 묻자. 그는 고개를 끄덕였다.

"그래. 이 집에서 네 할머니, 할아버지랑 살았지. 아빠의 둥지였어."

마루에 올라서자 삐걱거리는 소리가 났다. 그 소리조차도 어린 시절의 배경음악 같았다. 부엌에 들어서니 벽은 색이 바랬지만 그 자리에 어머니가 서 있는 듯했다. 장독대에서 된장을 퍼오고, 솥에서 김이 피어오르던 장면이 선명하게 떠올랐다.

그는 눈을 감았다.

비 오는 날, 어머니는 마루 끝에 앉아 어린 그에게 자장가를 불러 주셨다. 겨울밤이면 이불 속에서 숨어들어 따뜻한 체온으로 품어주시던 손길이 지금도 느껴지는 것 같았다.

감기에 걸려 밤새 앓을 때 이마를 짚던 거칠지만 따스한 손바닥이 그립다.

"엄마…" 그 한 마디가 목구멍에서 저절로 흘러 나왔다.

저녁이 되자 그는 아들과 함께 방에 이부자리를 폈다. 낡은 천장에서 흙먼지가 떨어졌지만, 오히려 그에게는 추억의 부스러기 같았다.

아들이 눈을 반짝이며 물었다.

"아빠! 할머니는 어떤 분이셨어요?"

이성준은 눈을 감고 잠시 머뭇 거리다, 천천히 말문을 열었다.

"참 따스한 분이셨지. 힘들어도 항상 웃으셨고, 없는 살림에도 나를 챙겨 주셨어. 아빠가 지금까지 버틸 수 있었던 건 다 할머니 덕 분이야."

아들은 고개를 끄덕이며 말했다.

"그럼 이 집은 우리 가족의 보물이네요."

순간 그의 가슴이 먹먹해졌다. 아들의 말 한마디에 눈물이 왈칵 쏟아질 뻔했다.

다음 날 아침, 그는 집 밖에 서서 천천히 둘러 보았다.
집 주변은 이미 공사 표지판이 세워져 있었고. 굴착기가 멀지 않은 곳에서 대기하고 있었다.
한켠에서 오래된 이웃 어르신이 다가와 말했다.
"이 집도 이제 사라지는구먼, 네 어머님이 참 정 많으셨지, 새참도 자주 나눠 주시고...동네 아이들 챙기던 모습이 아직 눈에 선해."

그 말에 이성준은 더 이상 대답을 잇지 못했다. 눈시울이 붉어졌다. 이웃의 기억 속에도 어머니는 여전히 살아 있었다.

그날 저녁, 그는 집 마루에 다시 앉았다. 어릴 적 자신이 뛰놀던 마당, 아버지와 함께 매달렸던 감나무, 여름밤 별빛을 올려다보던 순간들이 파도처럼 밀려왔다.

"엄마, 이젠 진짜 보내드려야 하나 봐요. 그래도 이 집이 있어서 반쪽은 곁에 있는 듯했는데.
이제 다 보내드리네요."

그의 목소리는 떨렸고, 눈가를 타고 눈물이 흘렀다. 하지만, 그는 아들의 손을 꼭 잡았다.

"아빠 괜찮아요. 할머니는 우리 마음속에 계시잖아요."

그 말에 그는 조용히 고개를 끄덕였다. 둥지는 사라져도, 사랑은 사라지지 않는다는 것을 깨달았다.

며칠 뒤, 집은 마침내 철거되었다. 흙먼지가 일고 소리가 요란하게 울려 퍼졌다. 그는 멀리서 그것을 바라보며 깊게 숨을 들이마셨다.

“엄마, 이제 진짜 안녕이에요.”

눈물이 흐르지만, 마음 한켠에는 따뜻한 불씨가 남아 있었다.
둥지는 사라졌지만, 어머니의 사랑과 추억은 그의 삶을 지탱하는 영원한 힘이 되었다.

◑ 둥지의 기억, 삶의 뿌리

‘둥지’ 라 하면 흔히 새들이 알을 품고 새끼를 키우는 공간을 떠 올린다. 하지만 둥지는 비단 조류만의 전유물이 아니다. 많은 동물들이 새끼를 낳고, 지키기 위해 자신만의 둥지를 만든다. 사람도 만찬가지다. 태어나 자라고, 부모님의 사랑 속에 머물렀던 그 공간 우리는 그곳을 ‘고향집’ 이라 부른다.

나이가 들수록 사람은 뿌리를 찾고 싶어한다. 나고 자란 집, 부모님의 목소리, 부엌에서 풍기던 된장국 냄새, 마당에서 들리던 새 소리, 이 모든 것이 바로 우리의 ‘둥지’였다.

가수 겸 배우 이성준 씨도 그런 둥지를 품고 살았다. 언젠가 그는 아들과 함께 부모님이 살던 고향 집을 찾았다. 하지만 그 집은 도로확장공사로 헐릴 운명이었다. 어머니가 끓여 주시던 국물 맛, 아버지와 함께 마당에서 나누던 대화, 어린 시절 그 추억이 온몸을 감싸 안았다.

"어머니 돌아가실 때 반쪽만 보내드렸는데, 이제 집까지 없어진다면 다 보내드리는 것 같아..."

그의 말은 많은 사람들의 가슴을 울렸다. 누구에게나 부모님의 정성과 사랑이 깃든 둥지는 존재한다. 그곳은 단순한 공간이 아니라,삶의 원동력이자 감정의 뿌리다.
우리는 미래를 향해 나아가지만, 그 발걸음을 지탱해 주는 건 과거 둥지에서 받았던 따뜻함이다. 지금은 도시의 아파트에서 살아가고 스마트폰과 기술로 가득한 삶을 살지만, 마음 한켠엔 여전히 어린 시절의 둥지가 살아 숨 쉰다.

나 역시 고향을 지나다 보면 부모님과 함께 자라던 집이 떠오른다. 지금은 옛집이 헐리고 교회가 들어섰지만, 그 뒷산은 여전히 나를 반기고 있는 것 같은 느낌에 잠시 발을 멈춰 선다. 그곳은 여전히 남은 감정이 살아 있고, 기억이 머무는 곳이다.

사람은 둥지를 잊지 않는다. 그리고 그 기억 덕분에 우리는 삶의 소중함을 새삼 깨닫는다. 둥지란, 곧 우리가 다시 돌아갈 수 있는 마음의 고향이다.

02

부모의 마음, 자식의 눈

작은 뒷동산은 노인의 오랜 친구였다.

봄이 오면 고추 모종을 심고, 여름이면 상추 잎을 뜯어 저녁상 채웠다. 노인에게 유일한 낙이요 즐거움이었다.

그날도 그는 호미를 들고 천천히 산길을 올랐다.

바람이 얼굴을 스치고 땅에서는 흙냄새가 자욱히 올라왔다.

그런데,

텃밭의 풀을 뽑고 내려오다가 그만 발을 헛딛어 미끄러지고 말았다.

"아이구 ...."

땅바닥에 몸이 부딛혔고. 옆구리가 옥신거리며 머리가 어질했지만 그는 그저 먼지를 털어 냈다.

"괜찮아... 뭐, 이 정도야..조금 쉬면 되겠지..."

스스로 위안을 했다.

다음 날 큰 딸이 와서 아버지의 머리에 멍을 보고 놀랬다.

"아버지 .. 이게 뭐예요 ? ... 멍이 들었네!"

"어제 텃밭에서 살짝 넘어졌어... 괜찮어.."

"아빠! 어깨도 아프다면서요?...

이제 그런데 다시 가지 마세요. 위험해요.

아버지 나이가 몇 인데 이젠 몸 생각도 하셔야죠..."

"알았다. 걱정마라."

이틀 후 월요일에 그는 데이케어 센터로 향했다.

센터장은 눈썰미가 있었다. 그의 눈가에 부기와 머리의 상처를 보고 놀래며 고개를 갸웃했다

"어르신! 어디 다치셨어요.. 여기 왜 그래요?

머리에 상처가 있네요.."

"그냥 .... 살짝, 스쳤어"

"살짝이 아닌데요?"

하지만, 좀 전에 어깨통증까지 호소했다는 간호 선생의 말을 들은 센터장은 아니다 싶어 즉시 딸에게 연락했다.

병원에 가야겠다고...

X-ray 사진 속, 놀랍게도 갈비뼈 여섯 개가 선명히 금이 가 있었던 것이다.

"연세 때문에 수술은 어렵습니다. 조심하며 회복을 기다리는수 밖에 없어요." 의사소견에 딸은 할 말을 잃었다.

아버지가 괜찮다던 그 말이 진심이 아니라는 걸 딸은 이제야 알게 된 것이다.

집으로 돌아가는 길, 노인은 창 밖을 바라보았다.
그는 평생 자식에게 짐이 되지 않으려 애썼다.
아픔도 힘듦도 자녀에게 말하지 않았다.
그게 부모의 마음이다.

그러나 딸은 그 마음을 이제야 깨닫게 된 것이다.
아버지는 어릴 적 말하지 않아도 자신의 속마음을 알아주었던 것을 자신의 기억 속에 당시 아버지의 모습을 되살린다.
그리고 속으로 되 새긴다.

"이제는 내가 할 차례야…"

"괜찮다" 그 한마디 속에 담긴 마음

"괜찮다"는 말은 때로 가장 무거운 고백이다.
그 속에는 아픔보다 사랑이, 불편함보다 배려가 먼저 담겨 있다.

90대의 한 노인은 평생 점잖고 말수가 적었다.
남에게 폐를 끼치지 않으려 애쓰는, 그야말로 '조심스럽게 사는 법'을 몸으로 아는 분이었다.

그의 낙은 집 근처 작은 뒷동산에 오르는 것이었고, 봄이면 고추를 심고, 여름이면 상추를 키웠다. 그 텃밭은 단순한 채소밭이 아니라, 세월이 흘러도 변치 않는 '그만의 작은 세상'이었다.

그러던 어느 날, 평소처럼 뒷동산에서 일을 보고 내려오던 중 발을 헛디뎌 넘어졌다. 옆구리가 쑤셨고 머리가 울렸지만, 그는 그저 먼지를 털어냈다. 그리고 집으로 돌아와 아무 일 없었다는 듯 하루를 보냈다.

다음 날이다. 큰딸이 와서 머리에 든 멍을 보고 놀라움을 금치 못한다.
"아버지, 이게 뭐예요?"
"어제 살짝 넘어졌어. 괜찮어."
어깨도 아프다 했지만, "이젠 괜찮다"는 말만 했다.

이틀 뒤, 데이케어센터에서 그의 눈가 부기와 어깨 통증을 보고 병원 검사를 권했다. 결과는 갈비뼈 여섯 개 골절. 고령 탓에 수술도 어려웠고, 통증 조절과 조심스러운 생활 외엔 방법이 없었다.

딸은 충격을 받았다. 아버지가 괜찮다고 했기에 정말 괜찮은 줄만 알았던 것이다. 하지만 그 '괜찮다'는 말은 거짓이 아니었다.
그 속에는 "내 아픔보다 네 걱정이 더 크지 않길"이라는 부모의 마음이 숨어 있었던 것이다.

자식에게 짐이 되지 않으려, 걱정거리를 안기지 않으려, 아픔을 숨기는 것이었다. 부모는 평생 그렇게 산다. 젊을 때는 가족을 지키기 위해 고단함을 숨기고, 나이 들어서는 자식의 마음을 지키기 위해 고통을 감춘다.

그것이 부모의 사랑 방식이다.

그러나 우리는 종종 그 마음을 오해한다.
"왜 말씀 안 하셨어요?"라며 채근하고, "이젠 그러지 마세요"라며 잔소리를 늘어놓는다.

하지만 정작 부모가 원했던 건 꾸중이 아니라, 말하지 않아도 알아주는 마음이었다. 부모가 나이가 들면, 자식이 부모가 되어야 한다.
눈에 보이는 상처만이 아니라, 말로 꺼내지 않는 마음의 아픔까지 살펴야 한다.

그것이 물질로만 드리는 효도보다 훨씬 깊은 '마음의 효'다.
어릴 적 부모님은 우리가 말하지 않아도 배고픈지, 속상한지 알아주셨다. 이제는 우리가 그 역할을 해야 한다.

부모의 '괜찮다'는 말이 정말 괜찮음을 뜻하는지, 아니면 걱정을 감춘 말인지를 읽어내는 것. 그것이 세월을 이어받는 자식의 도리이며, 인간 사회를 지탱하는 가장 오래된 사랑의 방식이다.

03

다시 웃는 그녀

"나 그렇게 도울 일은 없어. 관절 수술에서 조금 불편할 뿐이야. 일주일에 두세 번 와서 밥만 해주면 돼."

처음 만난 그녀는 덤덤했다. 도움이 필요 없다고 한다. 자신은 잘 지내고 있다는 것이다. 말로는 그렇게 단호했지만....

복지사의 눈은 달랐다.

주방의 기름때, 화장실의 물때, 이불 위에 흩어진 생활의 자취는 조용히 말하고 있었다.

"이곳에는 손길이 필요하다"고

"청소는 안 해도 돼, 정리할 것도 별로 없고...."

하지만 복지사의 눈엔 어르신의 마음이 보였다. 방보다 어지러워진 어르신의 마음이 보인 것이다.

어르신은 주변정리 보다 자신의 마음을 채워주기를 바란 것이다.

그녀는 누군가를 기다렸다는 듯이 말을 멈추지 않았다.

마치, 누군가에게 들려주기 위해 마음속에 꾹꾹 눌러 담아왔던 이야기를 쏟아내는 것 같았다.

"그 사람… 참 잘 생겼지, 난 그 사람을 좋아했어. 그와 결혼하고 싶었는데 아버지가 안 된다는 거야. 나는 아버지한테 이 사람 아니면 시집 안 간다 했지 그랬다가 아버지한테 쫓겨 날 뻔했어. 결국 저 인간이랑 결혼했지 뭐야."

저 인간이란 말에 피식 웃음이 나왔다. 하지만 그녀는 쉼 없이 말을 이어갔다.

"그래도 젊었을 땐 저 사람도 참 착했어. 사업 망하고 나서 …
그때부터 사람이 확 변했지."

원망과 회한, 연민이 뒤 섞인 말들이 오고갔다.

그 안엔 그녀의 첫사랑이 있었고 부모의 강요가 아른거렸으며 그리고 결혼의 현실이 있었다. 그 와중에 외로움, 사람에 대한 그리움이 그의 입가에서 자신도 모르게 스며 나왔다.

복지사는 고개를 끄덕이며 말없이 듣기만 했다.
두 시간이 지났다.

처음 봤을 땐 지쳐 보이던 그녀의 얼굴에 생기가 돌았다. 이젠 제법 농담도 하고 웃음을 터뜨리고 눈빛이 반짝였다.
이야기보따리를 풀어내면서 어르신은 기분이 풀리고 마음의 응어리가 가신 것이다.

“오늘 정말 고마워.
바쁠텐데, 장 시간 내 이야기 다 들어주고..”
문 밖까지 나와 손을 흔든 그녀
복지사가 보이지 않을 때 까지 한참을 서서 손을 흔들고 있었다.

그날, 복지사는 깨달았다.
‘누군가의 말을 들어 주는 일’

그 일이 그 사람의 삶을 다시 숨 쉬게 한다는 걸
생기를 불어 넣어준다는 걸
돌봄은 손으로 하는 일이 아니라 마음으로 하는 일이라는 걸...
알게 된 것이다.

"그녀의 이야기 보따리“

복지현장에서 마주치는 노인 한 분, 한 분의 삶은 책 한 권보다 깊고, 영화 한 편보다 진한 감동을 안겨 준다.

얼마 전 사회복지사가 방문한 한 어르신 댁 이야기다.

"나 그렇게 도울 일 없어. 관절 수술해서 걷는 게 조금 불편할 뿐이야. 식사 조리만 가끔 와서 도와주면 돼."

겉으로는 당당히 말씀하셨지만, 조용히 살펴본 집 안에는 손길이 필요한 자리가 적지 않았다. 주방과 화장실, 어수선한 생활 흔적들. 누군가의 손길과 온기가 필요한 시간 들이 그 안에 켜켜이 쌓여 있던 것이다.

조심스레 앉자마자, 어르신의 입에서는 마치 암기해 온 듯한 이야기들이 술술 풀어져 나왔다. 예전에 결혼하기 전 만난 사람 이야기부터 시작해서 지금의 남편 이야기로 이어진다.

그 말에는 실망이, 외로움이, 그리고 오래된 상처가 서려 있었다.

그러면서도 문득, 남편에 대해 이렇게 말 한다.

"젊었을 땐 착했어. 사업 망하고 나서… 사람이 달라졌지. 그래도… 어쩌겠어."

그 말에, 그래도 부부는 부부구나 하는 마음이 들었다. 삶이란 그렇게 미움과 연민, 애증과 그리움이 뒤섞인 것이겠지.

복지사는 이야기를 들으며 어느덧 두 시간이 훌쩍 지났다.

찌든 표정으로 맞이하던 어르신은 어느새 웃음을 터뜨리며 농담까지 하신 것을 목격한다. 그 변화가 어찌나 따뜻하고 고마운지, 복지사 스스로 자신도 모르게 마음이 뭉클해짐을 느꼈다. 문밖까지 따라 나오신 어르신은

"오늘 너무 고마워. 또 와 줘." 라며 손을 흔든다. 복지사의 모습이 보이지 않을 때까지 그 자리에서 서서 손을 흔드는 모습에서, 그동안 얼마나 사람을 기다렸는지, 외로움에 시달렸는지가 전해졌다.

누군가에게는 '단순한 방문'일 수 있는 이 시간이, 어떤 이에게는 마음의 위로이자, 생의 숨통이 된다는 것을 생각하게 하는 모습이다.

돌봄이란 결국, 사람과 사람 사이 마음을 나누는 일이 아닐까.

04

꽃 모자 할머니의 비밀

아침 햇살이 부드럽게 골목길을 비추고 있었다.
복지사의 승용차는 조용히 한 가정집 앞에 멈춰섰다.
잠시 후, 꽃 모자를 눌러 쓴 할머니가 천천히 걸음을 옮겨 다가왔다.
나이가 아흔을 넘었음에도 불구하고 그 발걸음은 곧고 단정했다.

"아이구, 나 때문에 여기까지 오고 고생이 많아요. 늘 고마워요."
차에 오르며 할머니는 늘 하던 인사를 잊지 않았다.
복지사는 그 말을 들을 때마다 마음이 따뜻해졌다.

센터로 향하는 길, 뒷좌석에서 작은 바스락 소리가 들렸다.
할머니는 손거울, 파우치, 그리고 분주하게 손길이 움직였다.
복지사는 룸미러로 슬쩍 바라보다가 웃으며 물었다.

"어르신! 오늘도 화장하시네요. 누구에게 잘 보이시려고 그러세요. 참 곱고 아름다우십니다."

할머니는 거울 속을 바라보다가 그 이야기를 듣고 복지사를 바라보며 환하게 웃었다.

"고마워요! 내가 화장하지 않고 부스스하게 나가면 나를 보는 사람들이 불쾌하고 불편하잖아요. 그래서 남들을 위해 화장하는 거예요. 내가 조금 단정하면 다른 사람들도 기분이 좋잖아요."

하며 웃으신다.

순간, 복지사는 아무 말도 하지 못했다. 가슴이 뭉클했다.

사람들은 흔히 화장을 자기 자신을 위해서 하고, 혹은 남에게 자신을 예쁘게 보이기 위해 한다. 하지만 이 어르신은 자기 자신을 위한다기보다는 남을 배려하기 위해 화장을 한다. 타인의 마음을 먼저 생각하며 자신을 가꾸고 있었다.

차 안은 잠시 고요했다.

바깥 풍경이 스치듯 지나가고 할머니의 말이 마음속에 잠잠히 물결처럼 퍼졌다.

센터에 도착하자 다른 어르신들이 분주히 오고가고 있었다.

박 어르신이 들어서자 공간이 잠시 멈춘 듯 했다.

꽃 모자와 은은한 화장의 향기 그리고 환한 미소를 머금고 할머니가 들어섰기 때문이다. 주위가 한결 밝아졌다.

누구도 말하지 않았지만 모두가 조금은 더 기분이 좋아진 듯한 표정이었다.

그 날 이후, 복지사는 알게 되었다.

진정한 아름다움은 거울 속 자신을 위해 꾸미는 것이 아니라

타인의 마음에 작은 기쁨을 더하기 위해 가꾸는 것이라는 사실을

꽃모자 할머니는 치매로 점점 기억을 잃어가고 있다.

하지만, 그 마음속에 새겨진 '배려의 철학' 만큼은 또렷하게 남아 있었다. 그 철학은 매일 아침 복지사의 가슴속에 작은 울림으로 전해졌다.

배려로 완성되는 아름다움

우리는 흔히 화장이나 단장을 자기 자신을 위한 행위라고 생각한다. 더 아름다워 보이고 싶어서, 타인에게 매력적으로 보이고 싶어서, 혹은 자기만족을 위해서라는 이유를 덧붙인다. 그러나 아흔을 넘긴 한 어르신의 짧은 말 속에서, 나는 전혀 다른 의미의 아름다움을 보았다. 그것은 남을 위한 단정함, 즉 배려로서의 아름다움이었다.

박 할머니의 말은 단순했다.

"내가 화장을 하지 않고 부스스하면, 나를 보는 사람들이 불쾌하고 불편할 거잖아. 나는 남들을 위해 화장하는 거야."

이 말은 겉으로는 소박하지만, 그 속에 깊은 철학이 담겨 있다.

- 아름다움은 나의 과시가 아니라 남을 향한 배려
- 단정함은 자기만족이 아니라 타인을 편안하게 하는 예절
- 작은 행동이 상대방의 하루를 바꿀 수 있다

그분의 철학은, '나'에서 출발해 '너'를 향하고, 결국은 '우리'를 이루는 삶의 지혜였다.

에마뉘엘 레비나스(Emmanuel Levinas) 철학자는 타인의 얼굴 앞에

서 우리가 지는 책임을 이야기한다. 그는 타인의 얼굴이 나를 부른다고 했다. 박 할머니의 화장은 바로 그 다른 사람의 얼굴을 배려하는 행위였다. 그녀는 단정함을 통해 주변 사람들을 불편하게 하지 않겠다는 책임을 지고 있었다.

이와같이 배려는 큰 희생에서 오는 것이 아니다. 작은 배려들이 모여 공동체의 따뜻함을 만든다.

- 버스에서 자리를 양보하는 일
- 물 한 잔을 건네는 일
- 불편할 수 있는 상황을 미리 살펴 배려하는 일

박 할머니의 화장은 바로 이런 작은 실천의 하나였다. 그것은 화려하지 않지만, 공동체 속에서 타인을 존중하고 존엄을 나누는 방식이었다.

노년은 흔히 쇠락으로만 이해된다. 그러나 박 할머니의 다른 사람을 위한 배려는 나이가 들어도 품위를 지키는 것이고 자신의 남은 삶을 아름답게 만드는 힘이라는 것을 보여 준 것이다.

그분의 화장은 젊음을 되돌리려는 허영이 아니라, 타인을 존중하고 자신의 존엄을 잃지 않으려는 의지였다. 노년의 품위는 바로 이런 태도 속에서 드러난다.

우리는 바쁘고 각박한 사회 속에서 자기만을 위해 꾸미고, 자기만을 위해 행동하는 경우가 많다. 그러나 한 어르신의 말은 우리에게 묻는다.

"당신의 단정함은 누구를 위한 것입니까?"

작은 단정함, 작은 미소, 작은 배려 속에 담긴 힘은 생각보다 크다. 그것은 상대방의 마음을 편안하게 하고, 관계를 부드럽게 만들며, 사회를 따뜻하게 한다.

박 할머니의 삶 속에서 우리는 배운다. 아름다움은 자기 자신을 위한 것이 아니라, 타인을 향한 배려에서 완성된다는 사실을.

그분의 꽃 모자와 화장은 겉모습을 꾸미는 화려함이 아니라, 타인의 마음을 지켜주는 세심한 배려였다.

그 철학은 오늘을 사는 우리에게도 분명한 메시지를 남긴다.

"작은 배려가 세상을 아름답게 만든다는 사실을.."

05

오늘의 자리

홍씨는 퇴직 후에도 자신을 여전히 공직자라고 생각했다.

매일 아침저녁 실개천을 산책하며 시간을 보냈지만, 마음 한켠에는 '나는 무엇을 해야 하나' 하는 허전함이 남아 있었다.

어느 날 아내가 식당 출근 길에 말했다

"여보 우리 식당 일 좀 도와주면 어때요?"

"내가? 서빙 을? 에이~, 창피하게 무슨…"

순간 아내의 표정은 굳어졌다. 알았다는 짧은 말 한마디만 남기고 출근해 버렸다.

남겨진 집안은 고요했다. 홍씨는 문득 스스로에게 물었다.

'나는 아직도 공직자라는 껍데기를 붙잡고 있는 건 아닐까?'

자존심 때문에 아내를 돕는 일을 거절한 자신이 부끄럽게 느껴졌다.

그는 마음을 새로 잡았다.

'그래, 이제 나는 평범한 노년의 가장일 뿐이야. 내려놓아야 해. 내려

놓아야 아내가 보이고 가정이 보인다.'

그날 점심, 그는 간편한 차림으로 식당을 찾아갔다.

분주한 주방에서 밥을 퍼 담던 아내는 그를 보자 놀란 듯 눈을 크게 떴다.

"아~ 여, 여보? 웬일이야?"

홍씨는 환히 웃으며 말했다.

"웬일이긴.. 이제 내 자리를 찾아 온거지..
이제 내 자리는 여기인 것 같아. 뭘 도와줘야 되지?"

아내의 얼굴에 미소가 번졌다. 햇살처럼 따뜻한 웃음이었다.

"그럼, 저기 밥 좀 5번 테이블에 가져다 줄래요?"

"알았어"

홍씨는 설레는 마음으로 밥 그릇을 들고 손님에게 다가갔다.

"안녕하세요.. 여기 공기 밥 가져 왔습니다. 맛있게 드세요" 하고 건네며 활짝 웃었을 때, 손님도 덩달아 미소지었다.

다시 주방으로 돌아오자 아내가 작은 목소리로 속삭였다.

"여보, 고마워요, 당신은 영원히 내 남편이에요."

그 순간 홍씨는 깨달았다.

공직의 자리보다 더 값진 자리는 바로 이곳이었다.

아내의 곁이었다.

이제 그는 아내에게 주저 없이 외친다.
"사장님. 다음엔 뭘 하면 되죠?"

둘은 서로 바라보며 웃음을 터뜨렸다.
홍씨는 이제 알았다. 노년기의 행복은 어제의 지위가 아니라
오늘을 함께 살아내는 사랑에 있다는 것을.....

◑ 내려 놓아야 새로움이 보인다.

많은 이들이 긴 공직 생활이나 직장 생활을 마치고 퇴직의 문턱을 넘을 때. 처음으로 '빈시간'과 마주한다. 젊은 날에는 늘 해야 할 일이 있었고, 성취를 향해 달려야 했으며, 조직 속에서 위치가 곧 나의 가치가 되곤 했다.

그러나 퇴직 후에는 직함도, 자리도, 호칭도 모두 사라지고 단지 '나'라는 존재만 남는다. 이때 사람들은 흔히 공허함을 느끼고, 자신의 정체성을 새롭게 정의 내려야 하는 숙제를 받는다.

홍씨 역시 마찬가지였다. 평생 공직에 몸담았던 그는 퇴직 후 한동안 아침저녁 산책 외에는 별다른 일상이 없었다. 등산이나 낚시로 여가로 보내는 친구들과는 달리, 그는 스스로 할 수 있는 역할을 찾지 못한 채 공직자였던 '어제의 나' 속에 머물러 있었다.

그러던 어느 날, 아내는 작은 용기를 내어 제안했다.

“여보, 식당일을 함께 하면 어떨까?” 겉으로 보기엔 단순한 제안 같지만, 이 한마디는 남편의 마음을 크게 흔들어 놓았다.

‘공직자였던 내가 식당 서빙을?’ 하는 자존심이 작동했고, 그 순간 그는 여전히 자신을 과거의 직함으로만 규정하고 있음을 깨닫게 된다.

퇴직 후 많은 이들이 겪는 갈등은 사실 단순하다. 과거의 영광과 지위를 붙잡고 살 것인가. 아니면 내려놓고 새로운 삶을 받아들일 것인가. 이 갈림길에 머뭇거리는 동안, 본인뿐 아니라 가족들까지도 답답함을 느끼게 된다.

홍씨가 결국 깨달은 것은 어려운 것이 아니다. “나는 더이상 공직자가 아니다. 오늘의 나는 아내의 남편이며 가정을 지켜야 하는 한 사람의 가장일 뿐이다.”

철학자 하이데거(Heidegger)는 ‘현 존재는 늘 가능성의 존재’라고 말한다. 과거에 매달리는 순간, 인간은 존재의 가능성을 스스로 제한해 버린다.

반면 오늘을 살아내며 새로운 역할을 수용할 때, 인간은 다시금 활력을 되찾는다. 노년기의 행복은 화려했던 과거를 붙잡는 데 있지 않다. 오히려 오늘의 자리에서, 내가 할 수 있는 일을 기꺼이 받아들이는 용기 속에 있다.

홍씨가 식당에서 그릇을 나르고, 아내 곁에서 함께 웃는 순간이야말로 진정한 ‘노년기의 영광’이 되는 것이다.

퇴직 후의 삶은 누구에게나 새로운 시작이다. 그 시작은 거창 할 필요가 없다. 아내를 도와주는 일, 동네 어르신들과 대화하는 일, 손주와 시간을 보내는 일 모두가 존엄한 삶의 한 조각이다

홍씨의 이야기가 우리에게 주는 교훈은 명확하다.

내려놓아야 보인다.
내려놓아야 사랑이 들어온다.
내려놓아야 비로소 '오늘'을 살 수 있다.

과거의 자리를 떠난 지금, 우리는 오늘의 자리를 받아들여야 한다. 그것이야말로 행복한 노년, 건강한 노년을 여는 열쇠다.

06

우리 집에 명절 손님이 왔어요

서울 외곽 오래된 빌라 지하에 오누이가 살고 있었다. 나이 여든을 넘긴 오빠와 권사 직분을 가진 여동생이 함께 지내고 있다. 배우자들은 이미 하늘나라로 떠났고 혈육이라고는 이제 둘뿐이었다.

교회의 봉사부서에 활동하던 정 집사 부부는 명절 전 주 쌀을 배달하는 사역에 참여했다가 이 오누이집을 처음 방문하게 되었다. 그날 쓸쓸한 분위기는 정 집사의 마음을 오래 붙잡았다. 명절에도 찾아올 이가 아무도 없다는 권사님의 말이 귓가에 맴돌았다.

정 집사 부부는 서로 마음을 모았다.

"여보 우리가 명절만이라도 이분들의 가족이 되어 드리는 것이 어떨까?

명절 연휴 기간 중 찾아뵙고 같이 예배도 드리면 얼마나 외로움을 달래고 기뻐하시겠어."

아내는 미소 지으며 대답했다.

"그래요, 명절은 함께 해야 명절이니까."

설날이 다가오던 어느 겨울날, 하얀 눈이 소복이 쌓인 거리를 따라 정 집사 부부는 사과 한 상자와 손수 만든 잡채, 전 몇 장을 들고 오누이의 집을 찾았다.

"딩동"

"누구세요"

"권사님! 저희예요."

문이 열리자 권사님의 눈빛이 환하게 빛났다.

"어머나, 집사님 내외분이 오셨네.

오라버니! 우리 집에 귀한 손님이 오셨어요!"

작은 방안은 순식간에 따뜻한 기운으로 채워졌다.

권사님은 부지런히 차를 끓이고 과일을 내오느라 분주했다.

"아니, 권사님 저희가 준비해 왔으니 그냥 앉으세요."

정 집사 아내가 부드럽게 말하며 음식을 꺼냈다.

잡채의 고소한 냄새와 전의 향기가 방안을 가득 메웠다.

오빠 어르신은 미소지으며 말했다.

"내 생애 명절에 손님을 이렇게 다시 맞아 볼 줄은 전혀 몰랐소. 고맙습니다."

네 사람은 함께 둘러앉아 음식을 나누며 도란도란 이야기를 나누었다. 어린 시절 고향이야기, 옛날 명절 풍경, 그리고 지금의 삶을 솔직히 나누며 웃음소리가 끊이지 않았다.

오누이의 표정은 어느새 밝아져 있었다.

식사가 끝난 후, 정 집사는 조심스레 물었다.

"권사님, 괜찮으시다면 저희가 예배를 함께 드리고 기도해 드려도 될까요?"

"아이고, 그러면 감사하지요."

오빠도 고개를 끄덕였다.

네 사람은 작은 방안에서 설 명절 예배를 드렸다.

찬송가가 울려 퍼지고 기도 속에는 감사와 눈물이 함께 묻어났다.

권사님의 눈가에는 눈물이 맺혀 있었고 오빠의 목소리도 잠시 떨렸다.

예배가 끝난 뒤, 권사님은 떨리는 목소리로 말했다.

"집사님! 오늘이 제 생에 가장 따뜻한 설 같아요.

우리집에 이렇게 웃음소리가 가득했던 게 얼마만인지 몰라요."

정 집사 부부는 손을 꼭 잡아드리며 대답했다.

"권사님! 어르신! 이제 외롭지 않을거예요. 저희가 있잖아요, 명절 때마다 찾아뵙도록 할께요."

창밖에는 여전히 눈이 내리고 있었다. 하지만 그 방안은 가족의 온기로 가득 차 있었다. 권사님은 속으로 이렇게 중얼거렸다.

"이젠 명절이 두렵지 않아. 우리 집에도 손님이 있으니까."

그날 이후로 정 집사 부부의 발걸음은 설날과 추석, 그리고 크리스마스 때마다 오누이의 집을 향했다. 그리고 그 방문은 단순한 만남이 아니라 새로운 가족의 이야기로 이어지고 있었다.

◑ 누군가의 마음 가족이 될 수 있다.

도시는 분주하고 바쁘다. 사람들은 각자의 삶을 살아가느라 주변을 돌아볼 여유가 없다. 하지만 우리가 사는 세상에는' 가족이라는 울타리'에서 벗어나 홀로 살아가는 이들이 많다. 특히 노년의 외로움은 단순한 고독을 넘어 존재의 의미를 흔드는 깊은 상처가 된다.

서울 우이동 외곽의 한 교회 정 집사 부부는 이를 깊이 깨달았다. 그들은 독거 어르신들에게 쌀을 배달하는 봉사에 참여했다. 그곳에서 단순한 물질적 나눔을 넘어서는 더 깊은 차원의 과제를 발견했다. 쌀을 받으러 나오신 권사님과 병약한 오라버니의 쓸쓸한 눈빛, 명절에도 찾아올 이 하나 없는 빈집의 공기를 느끼며, 그들의 마음속에 "우리 부부가 이분들의 가족이 되어 드리자."는 다짐이 싹텄다.

여기서 중요한 것은 '마음 가족(Heart Family)' 의 개념이다. 현대사회는 전통적인 가족 중심의 돌봄 구조가 무너지고 있다. 그러나 신앙공동체, 지역사회, 이웃의 연대가 새로운 마음과 정이 담긴 '가족'을 만들어 낼 수 있다. 진정한 가족이란 단지 혈연으로만 묶인 집단이 아니라, 서로의 마음을 나누며 외로움을 메워주고 삶의 무게를 함께 나누는 관계다.

명절은 원래 함께 모여 웃고 기뻐하는 날이다. 하지만 어떤 이들에게는 그 반대로, 가장 외롭고 쓸쓸한 날이 된다. 대문 앞에서 웃음소리가 끊이지 않는 옆집 풍경을 보면서, 자신의 집은 적막으로 가득 차 있을 때 그 마음의 허전함은 이루 말할 수 없다. 그렇기에 정 집사 부부의 작은 결단은 단순한 방문 이상의 의미가 있다.

그것은 '시간과 마음을 내어 곁에 있어 주는 것'이며 존재 자체로 상대를 위로하는 행위다.

우리는 여기서 몇 가지 시사하는 의미를 깨닫는다.

- 첫째, 나눔은 물질보다 시간과 마음이 앞선다. 돈이나 선물은 기쁨을 줄 수 있지만 외로움의 본질은 결국 사람이 채워주는 것이다.

- 둘째, 진정한 신앙과 사랑은 제도나 행사 속이 아니라 생활 속 작은 결단 속에서 드러난다. 정 집사 부부의 행동은 교회 일정 때문이 아니라, '마음에 새겨진 울림'에서 비롯되었다.

- 셋째, 우리가 누군가의 마음 가족이 될 수 있다는 사실이다. 세상에는 부모 없는 아이가 있고, 자식 없는 어르신이 있다. 우리는 그들의 아들, 딸, 혹은 부모가 되어줄 수 있다. 그럴 때 비로소 인간사회는 혈연을 넘어선 참된 연대 공동체가 된다.

겨울날 창밖에 내리던 눈처럼 세상은 차갑고 고요할 수 있다. 그러나 누군가의 마음에 작은 온기를 불어넣는 순간, 그 눈밭 위에도 따뜻한 발자국이 남는다. 정 집사 부부의 다짐처럼, 우리도 주변의 외로운 이들에게 다가가야 한다. 명절의 본질은 화려한 음식상에 있지 않고, 누군가를 기억하고 찾아가는 그 발걸음에 있기 때문이다.

07

어머니의 소파

“우리 집? 좋아. 햇살도 잘 들고 공기 좋고, 원장도 가 봤지

팔십 중반의 정 어르신은 주간보호센터 소파에 앉아 말을 건넸다.
원장은 미소 지으며 고개를 끄덕였다.
“네, 어르신, 정말 깔끔하고 따뜻한 집이셨어요.”

“그렇지? 근데 그러면 뭐해, 거기 혼자 사는 것이 무슨 소용이야.”

말 끝이 가라앉았다. 입가에 주름이 굳었다.

“난 아들이 없어”
“아들이 멀리 사세요?”
“아니. 그놈, 지 마누라랑 장모만 모시고 살어. 그러니 그게 무슨 내 아들이야 장모 아들이지. 아들 있으면 뭐해! 나랑 관계도 없는데. 그러니 난 아들 없어, 있어도 없는 거지 뭐”

어르신의 눈빛이 매서워졌다.
“어르신! 아드님이 어르신을 위해 비용도 부담하시고 주말마다 어르신

뵈러 찾아오시잖아요. 지난주에도 오셨고요."

"왔었다구? 그런가....? 글쎄 난 기억이 안 나. 그런데 요새 전화도 없잖아.

바쁘다나 뭐래나."

곁에서 간식을 나르던 요양보호사가 슬며시 들어섰다.

"어르신, 지난주엔 아드님이 샌드위치랑 음료수도 주고 가셔잖아요."

"그랬었나?.... 왔다갔어?.. 근데 기억이 없지 난 아무것도 몰라."

어르신은 고개를 끄덕이며 갑자기 눈 내리 깔았다.

그리고 조용히 말했다.

"그래도... 전화 한통 못할 만큼 바쁘면 그게 무슨 자식이야 그건 자식도 아니지..."

며칠 후 점심시간, 원장이 지나가는 것을 보고 어르신은 혼잣말을 중얼거렸다.

"나는 원장님이 제일 좋아. 늘 고맙고 나한테 매일 웃어주고, 말도 걸어주고, 이렇게 옆에 있어 주잖아."

그러더니 갑자기 목소리를 높인다.

"근데, 원장님! 왜 저 할머니한테만 반찬 하나 더 줘어? 나는 안 주고~~ 난 뭐야?"

원장이 다른 어르신을 살짝 챙겨드린 것을 본 모양이다.

"어르신, 저분은 약 드셔서 특별히 집에서 보내온 반찬예요. 이틀만 그랬던거예요."

"그래!! 그래도 부럽네. 저 할머니는 자식이 뭐라도 보내주잖아.
난 뭐야. 으이 이것들 연락도 한번 없고"

그녀는 말끝을 흐리고 소파 쪽으로 걸어간다.
가방을 끌어안은 채 등을 돌린다.

정 어르신은 이곳을 자기의 '집'이라고 느끼며 지낸다. 매일아침 마다 반갑게 맞이 해주고 어르신을 기다려 주는 공간이다.
때때로 자식에 대한 섭섭함과 자식을 향한 애정은 질투와 투정이 되어 곧바로 원장에게 향한다.

원장이 다른 어르신을 도와주면 바로 질투한다.

다른 어르신이 전화를 받으면, 혼잣말로 중얼거린다.
"나한테 아무도 전화 안 해…"

하지만 그녀는 여전히 매일 센터에 온다. 매일 같은 소파, 같은 사람들, 같은 점심. 그것이 그녀에게 살아 있다는 실감이고, 누군가가 곁에 있다는 작은 확신이다.

하루는 원장이 조용히 아드님께 문자를 남겼다.
「어머니께 오늘 전화 한통 주시면 참 좋아하실 거예요.」

30분 후, 소파에 앉은 정 어르신의 핸드폰이 울린다.
"어, 누구?....아들?" 반가움의 목소리가 커진다.
"어, 그래 그래.. 밥은 먹었고?"

그녀는 그날 종일 밝은 표정이다. 반찬 투정도 없었다.
그리고 식사가 끝난 뒤, 원장에게 다가와 조용히 말했다.

"오늘은.... 정말 좋았어."

◑ 작은 관심이 부모에게 주는 행복

부모가 자식에게 바라는 것은 크지 않다. 그들이 원하던 건 재산, 큰 성취, 높은 사회적 지위가 아니다. 진짜로 바라는 것은 작은 관심, 그저 "네가 나를 기억하고 있다는 징표"다. 언뜻 보기엔 별것 아닌 것 같지만, 이 '작은 관심'은 노년기 부모에게는 하루를 버티게 해 주는 삶의 동력이 된다. 심리학자 에릭슨 (Erikson)은 노년기를 '자기통합 대 절망'의 시기라고 말한다. 이 시기 부모는 "나는 의미 있는 삶을 살았는가?"를 되묻는다.

그 질문에 대한 자녀의 작은 반응 하나가 절망을 희망으로 바꾼다.
아이러니하게도, 우리는 가장 가까운 사람에게 가장 무심하다. 낯선 사람에겐 예의를 지키고, 상사에게는 일일이 인사하면서도 부모에게는 "나중에 전화해야지"라는 생각만 품은 채 또 하루가 간다.

이유는 다양하다.

바쁘다는 핑계
반복된 일상이어서 특별할 것 없다는 오해
'부모니까 당연히 이해할 거야'라는 착각

하지만 부모의 마음은 굳세지 않다. 자식의 무관심 앞에서 점점 투명한 존재가 되어가는 기분에 휩싸인다. 부모는 말하지 않지만, 속으로 이렇게 되뇐다.

"나는 이제 관심 밖의 사람인가 보다."

많은 어르신들이 또 이렇게 말한다.

"애들은 바빠서...... 또 내가 먼저 전화하면 방해될까봐 ~~"
"걔들도 힘들지. 보고싶어도 내가 참고 말아야지."
하지만 그것은 양보가 아니라 체념의 표현이다. 기다리는 쪽이 부모라는 사실을 자식은 잘 모른다.

바빠도 하루 한 번,
'엄마! 오늘 잘 지냈어요?' '아버지! 점심은 드셨나요?'
하는 한 마디가 부모의 하루를 따뜻하게 물 들인다.

전화 30초,
문자 한 줄,
택배 하나.

이 모든 '작은 표현'은 부모에겐 엄청난 정서적 의미 가진다. 특히 홀로 지내는 어르신에겐 그게 사람을 연결하는 생명 줄이다.

'어버이날'이나 명절에 한 번 찾아가는 정성도 소중하지만, 관계는 반복되는 관심 속에서 자라난다.

정성은 거창한 이벤트보다 자주 반복되는 진심 어린 표현에 있다.

나이가 들수록 부모는 '삶의 자리'보다는 '관계의 자리'를 중시하게 된다. 아무리 좋은 집에서 살아도, 혼자면 그 공간은 정서적 무인도일 뿐이다. 부모는 자녀의 시간과 돈을 원하지 않는다.

그들이 바라는 것은 "내가 여전히 누군가의 마음속에 있다"는 느낌이다. 그리고 그 느낌을 가장 강하게 전달할 수 있는 것은, 바로 자녀의 하루 한 통의 전화, 직장 가는 길에 띄우는 짧은 문자,

잔소리 같지만 챙겨주는 계절 옷 한 벌이다. 이 모든 것이, 부모에게는 "내가 아직 누군가의 삶 속에 있다"는 존재 확인의 언어다.

사랑은 표현될 때 힘이 있다. 표현되지 않는 관심은 때로 오해를 낳고, 무관심으로 느껴진다. 아무리 바빠도, 정성을 담은 연락은 관계를 이어주는 다리가 된다.

우리 모두는 언젠가 부모를 잃는다. 그때가 오면 후회하지 않도록
지금 하루 1분의 관심을 실천해보자.

오늘 단 한 번의 전화가
부모의 하루를 따뜻하게 만들고,
당신의 인생에도 후회 없는 기억으로 남을 것이다.

08

어떻게 떠나야 하는 가

박 노인은 여든둘이다. 평생 가게를 지키며 성실하게 살아온 덕에 아들은 사업을 잘 이어받았고, 가정은 화목했다.

그는 가진 것을 뽐내지 않았다. 신앙심이 좋아 교회 봉사에도 열심이었고 어려운 이웃을 외면한 적이 없었다.

그런데 몸이 조금씩 무너져 가는 것을 느꼈다. 기운이 빠지고 식욕이 사라지며 체중이 줄어가는 것이다.

“지난해, 건강검진에서 이상이 없었는데.. 왜, 이러지? ..괜찮겠지.” 그는 대수롭지 않게 여겼다.

하지만 병원은 냉정했다.

“위 외벽에 악성종양이 있습니다. 이미 말기입니다. ”

가족들은 서로 움켜잡고 놀라움을 금치 못했다..

“아버지 수술하세요... 조금이라도 더 살 수 있다면. 해야죠.

요새 의료기술이 좋아서 고칠 수 있을 거예요.”

하지만 노인은 고개를 저었다.

"수술해서 몇 달간 더 사는 게 무슨 의미가 있겠어.

괜한 고생하지 말어.. 너희들이 나 때문에 힘들게 살게 하고 싶지 않아."

그날부터 박 노인은 시간을 다르게 쓰기 시작했다.

병실이 아닌 집에서 가족들과 함께 지냈으며, 고마운 사람들에게 전화를 걸고 일일이 찾아가 만났다.

"그동안 고마웠네! 자네 덕분에 지금까지 내 삶이 참 풍성했던 것 같아."

노인은 삶의 동반자가 되어준 주변 사람들에게 감사 인사를 한 셈이다. 아니 마지막 인사를 했다는 것이 더 맞을지도 모른다.

교회 목사님을 초대했다. 함께 식사하며 그동안 신앙 생활했던 이야기도 나누고 기도하며 자신의 믿음과 구원의 확신을 다시 고백하고 확인하는 시간을 가졌다.

"목사님! 그동안 저를 신앙으로 잘 지도해 주시고 이끌어 주셔서 정말 감사했습니다. 이제 천천히 하나님 품으로 가렵니다." 하며 목사님의 두 손을 꼬옥 잡았다."

한 달이 흘렀다.

봄바람이 부는 날이다. 창밖에 벚꽃이 만개하여 세상을 온갖 아름다운 하얀 물결로 장식해 놓은 것 같았다. 박 노인은 창가에 누워 창밖을 바라보다 잠시 눈을 감았다. 그리고는 다시 뜨지 않았다.

그의 마지막은 조용했다. 너무나도 평화로웠다. 남겨진 이들의 눈에는 눈물이 가득했지만 마음 속에는 묘한 평안이 자리 잡고 있었다.

노인의 마지막 한 달은 남은 인생을 살아가는 모두에게 마지막을 "어떻게 떠나야 하는가?"라는 질문을 남겨주었다.

◑ 마지막을 준비하는 지혜

사람은 누구나 언젠가 마지막 순간을 맞이한다. 그러나 그 순간을 어떤 태도로 맞이할 것인가는 각자의 선택과 가치관에 달려 있다.

한 80대 초반의 노인 이야기다. 그는 건강했고, 가업인 자영업도 번창했으며, 가정은 화목했다. 아들은 아버지의 일을 이어받아 성실히 운영했고, 부모를 공경하며 가족과의 시간을 소중히 했다. 신앙심 또한 깊어, 가진 것을 자랑하지 않고 어려운 이웃을 돕는 선행을 꾸준히 이어갔다. 그의 삶은 겉으로 보기에 부러울 것이 없었다.

그런데 어느 날부터 몸이 점점 쇠약해짐을 느꼈고 식욕이 줄고, 체중이 빠지고, 기운이 없었다. 불과 지난해 건강검진에서는 아무 이상이 없다는 결과를 받았기에 대수롭지 않게 생각했다. 그러나 정밀 검진 결과는 충격적이었다. 위 외벽에 악성 종양이 생겼고, 이미 말기 암이었다.

가족들은 절망과 함께 마지막 희망을 붙들었다. 의사도 가능성을 언급했지만, 치료의 성과는 확신할 수 없었다. 그러나 노인의 생각은 달랐다.

몇 달을 더 산다 해도, 그 시간 동안 가족들이 간병으로 고생하는 걸 보고 싶진 않은 것이다. 병원 중환자실에서 기계에 의지하며 연명하는 건 자체도 자신 삶의 모습이 아니라고 생각 했던 것이다.

결국, 그는 남은 시간을 '치료'가 아니라 '마무리'에 쓰기로 했다. 만나고 싶은 사람들을 만나 감사 인사를 전하고, 오랜 인연들에게 손을 잡으며 마음을 나눴다. 다니던 교회의 목사님을 초청해 믿음과 구원의 확신을 다시 확인하고 기도를 받았다. 매일 아침, 그는 감사의 기도를 드리며 하루를 시작했고 마감했다.

그리고 한 달 뒤, 모든 인연과의 작별을 마친 그는 조용히 눈을 감았다. 억지로 붙잡는 생명이 아니라, 스스로 내려놓고 준비한 마지막이었다.

그의 선택은 주변 사람들에게 깊은 울림을 주었다. 살겠다고 끝까지 매달리며 몸과 마음, 그리고 재산까지 소진하고 떠난 사람들의 모습과는 분명 달랐다. 죽음을 두려움으로만 대하는 것이 아니라, 삶을 정리하고 사랑과 감사를 전하며 떠날 수 있다는 가능성을 보여준 것이다.

우리는 종종 '잘 사는 법'에 대해 고민한다. 하지만 이 노인의 삶은 묻는다. "당신은 잘 떠날 준비를 하고 있는가?" 말이다.

마지막을 준비하는 지혜는, 남은 생을 더 가치 있게 만드는 시작이 될 수 있다.

09

언니가 있는 길

“사장님 이번 주말도 시간 못 내시죠?”

부장의 조심스러운 물음에, 여사장은 모니터에서 눈을 떼지 않은 채 부드럽게 대답했다.

“왜? 주말에 무슨 좋은 일 있나?”

“이번 주말에 날씨도 좋고 해서, 직원들이 야외 단합대회 한번 하자고 합니다.”

서늘한 아침 공기 속에서도 회사 내부는 바쁘게 움직이고 있었다. 서류가 쌓인 책상, 회의 준비를 돕는 사무 직원들, 그리고 홀 안쪽에선 커피 내리는 향이 퍼졌다. 작은 회사지만 직원들의 움직임엔 생기가 넘쳤다.

여사장은 손에 쥔 연필을 내려놓고 잠시 창밖을 바라봤다. 점점 푸르러지는 하늘을 보며 말했다.

“어쩌지… 이번 주말도 지방에 내려가야 되거든요. 나도 같이 갔으면 좋은데, 상황이 그렇네. 부장님이 직원들 잘 다독여서 다녀오세요. 비용은 회사에서 부담하고."

부장은 기대 섞인 표정을 짧게 숨겼다.
"네, 사장님… 그런데 이제는 한 달에 한 번 정도만 가셔도 되지 않겠습니까? 격주로 광양까지 내려가시는 게 쉽지 않으신데요."

부장의 말엔 걱정 어린 정이 묻어 있었다. 그는 여사장이 매달 이주에 한 번씩 남녘 땅끝까지 직접 운전해 내려간다는 사실을 누구보다 잘 알고 있었다.

그리고 그 이유도.
요양원에 계신 언니를 만나러 가는 길. 그 길은 누가 대신 가줄 수 없는, 여사장 자신만의 길이었다.

사실, 부장은 늘 궁금했다.
"칠십을 바라보는 나이에, 왜 이렇게까지 자신을 소모하며 남쪽 끝까지 내려가는 것일까?"
어느 날 그는 조심스럽게 물었다.
"언니분께서… 지금은 많이 힘드시죠?"

여사장은 잠시 눈을 감았다가 조용히 말했다.
"그래도 나를 보면 알아봐요. 눈빛이 확 반짝여요. 설령 이름은 몰라도, 내가 온 걸 '느끼는' 것 같아요."

그 말의 울림에서 부장은 설명할 수 없는 무게를 느꼈다. 얼마 전 그는 사장과 함께 광양에서 열린 세미나에 참석한 적이 있다. 행사 후 사장은 잠시 시간을 내어 요양원에 들렀다. 그날 그는 여사장의 표정을 보았다. 언니의 손등을 어루만지며 흐르지 않는 말을 삼키는 눈빛과 그 침묵 속에 담긴 세월을 이야기하는 것을 느꼈다.

부장은 그 모습을 보는 순간, 두 자매의 관계가 단순한 가족을 넘어 '삶의 버팀목'이라는 사실을 이해했다.

그날 퇴근 후 여사장은 조용히 차 시동을 걸었다.
늘 그렇듯, 트렁크엔 작은 보온병과 과일 그리고 언니가 좋아하던 고구마 몇 개가 들어 있었다.

"천천히 가면 돼… 중간에 쉬고…"

그녀는 스스로에게 말하며 핸들을 잡았다. 광양까지의 거리는 결코 짧지 않았다. 다섯 시간 또는 여섯 시간이 걸린다. 그 여정엔 수많은 고속도로 표지판, 휴게소의 반가운 불빛, 그리고 혼자만의 생각들이 늘 함께했다.

어릴 적, 언니는 늘 든든한 울타리였다. 비 오는 날 젖지 않게 손을 잡아 끌어주던 손. 중학교 입학식 날 손수 다림질해준 교복.
대학 등록금을 보태주기 위해 자신의 결혼 자금을 조금 내놓았다는 사실도, 그녀는 나중에야 알았다.

"그런 언니였으니까… 내가 가지 않을 수가 없어."
그녀의 눈에는 먼길을 떠나는 설렘과 만남을 향한 간절함이 동시에 빛났다.

요양원에 도착하면 언니는 늘 창가에 있었다. 직원들이 일부러 그곳에 자리를 마련했다.

"언니… 나 왔어."

언니는 천천히 고개를 들었다.
그리고 순간, 눈이 환하게 밝아졌다.

"어… 너…"
그 이상을 말하지 못했지만, 그 눈빛은 말보다 선명했다. 그녀는 그 눈빛 하나로 모든 길의 피로가 씻겨 내려감을 느꼈다. 언니의 손을 잡으며 여사장은 말했다.

"언니 잘 지냈어."

그 말에 언니는 작게 웃었다. 그 미소가 여사장에게는 세상의 모든 보상 같았다. 시간은 조용히 지났지만 빠르게 흐름을 느꼈다. 자매는 긴 대화를 나누지 못했다. 하지만 서로의 손을 꼭 잡은 채 앉아 있는 것만으로 충분했다.

부장은 여사장의 이런모습을 보고 늘 말했다.
"사장님… 정말 대단하십니다. 자녀들도 그렇게 못하는데…"
그럴 때면 여사장은 늘 같은 말을 했다.

"아냐, 내가 행복해서 가는 거야. 언니 만나러 간다는 생각만 하면 신이나. 그 기다림이 나를 살게 해."

부장은 그 말의 깊이를 조금씩 이해해갔다. 사장이 회사를 이끌어가는 힘, 결정을 내릴 때의 단단함, 직원들을 향한 배려와 진심의 그 근원에는 '언니가 자신을 기다린다는 믿음' 에 있다는 것 말이다. 그리고 '그 기다림을 향해 길을 나서는 삶의 힘' 이 있었다. 돌아오는 길, 여사장은 하늘을 올려다보았다. 노을이 천천히 퍼져가며 도로를 붉게 물들였다.

그녀는 속삭였다.

"언니야… 다음 주에 또 올게."

그 길은 힘든 길이었지만,

그 길은 또한 그녀를 단단하게 하고 지탱해 주는 '삶의 원천'이 되는 길이었다. 그녀에게 광양으로 향하는 길은 의무가 아니라 고마움의 보답이었고, 짐이 아니라 사랑이 주는 힘이었다. 그리고 그 길을 걸어가는 동안 그녀는 누구보다 행복한 사람이었다.

돌봄이 우리는 강하게 만드는 힘

우리는 흔히 돌봄을 '힘든 일'로 생각한다. 누군가를 돕기 위해 자신의 시간을 내어주는 일, 자꾸 잊어버리고, 반복해서 질문하는 치매 어르신을 돌보는 일은 정서적·신체적 노동을 요구한다. 그러나 돌봄은 단순한 '부담'이 아니라 인간존재의 깊은 의미를 깨닫게 하는 작업이다.

어떤 관계는 우리를 소모 시키지만 어떤 관계는 오히려 우리를 강하게 만든다. 여사장의 경우처럼 "언니가 자신을 기다린다는 믿음"은 그녀의 삶 전체를 지탱하는 에너지가 되었다. 돌봄은 소진 시키는 것이 아니라, 올바른 관계일 때 오히려 삶의 힘을 만들어 내는 원천이 된다.

치매는 기억을 가져가지만, 관계의 본질은 가져가지 못한다. 치매는 언어를 흐리게 하고, 시간과 장소의 구분을 모호하게 한다. 그러나 그 병은 '사람과 사람 사이 관계의 본질'까지 지우지 못한다. 치매 어르신들이 이름은 잊어도 감정은 기억한다는 말이 있다. 기억은 희미해져도 따뜻함의 흔적은 남는다. 함께 살았던 세월의 무게는 사라지지 않는다.

여사장의 언니가 이름을 말하지 못하면서도 동생이 다가오면 눈빛이 환해지는 것은 바로 그 때문이다. 이 사실은 우리에게 중요한 질문을 던진다. "사람을 사람으로 이어주는 것은 무엇인가?"

그것은 바로 기억 이전의 '관계', 의무가 아닌 '애틋함', 그리고 '함께 한 시간의 감정'이다.

레비나스(Levinas)는 "타인의 얼굴 앞에서 인간은 비로소 인간이 된다."고 했다. 돌봄은 바로 이 '타인의 얼굴'을 응시하는 일이다.

그 안에서 우리는 자신의 한계를 깨닫게 되고 더 큰 인간으로 확장하게 된다. 여사장이 광양까지 내려가는 그 길은 타인에게 자신을 건네는 윤리적 실천이었고, 그 실천이 그녀를 더 강인한 존재로 만들었다. 그녀는 '언니를 챙기는 사람'이 아니라 그 과정을 통해 '자신을 더 깊이 마주하는 사람'이 되어간다. 이것은 돌봄이 주는 독특한 힘이다.

돌봄을 받는 사람 역시 변한다. 언니는 치매 속에서도 동생이 오는 날이면 표정이 부드러워지고 안정된 호흡을 보였다. 돌봄은 일방적인 시혜가 아니라 상호적 변화의 과정이다. 돌봄 받는 사람은 안정을 얻고, 돌보는 사람은 삶의 의미를 얻는다. 둘의 관계는 질병을 넘어서는 연결이 되고 그 연결은 삶을 지탱하는 힘이 된다.

사람들은 종종 말 한다. "돌보는 사람은 힘들지 않느냐고." 그러나 돌봄은 아이러니하게도 돌보는 사람을 더 강하게 만든다. 책임을 짊어져본 사람만이 삶을 움직이는 동력을 안다. 돌봄은 '나는 누군가에게 필요한 존재'라는 사실을 깨닫게 한다. 그 깨달음은 생을 지탱하는 강력한 힘이다.

여사장이 매주 광양까지 내려가는 이유는 언니를 위해서만이 아니다. 그 길을 달려갈 때 자신이 더 단단해지고 삶의 목적을 확인하고 또 한 주를 살아갈 에너지를 얻기 때문이다. 그녀는 돌봄 속에서 누군가를 돌보는 사람이 아니라 돌봄을 통해 스스로 강해지는 사람이 되어 있었다.

우리는 고령사회 속에서 돌봄의 문제를 비용과 노동으로만 계산하려 한다. 그러나 돌봄은 경제적 가치로 환산할 수 없는 '관계의 재발견'이다. 가까운 사람 한 명을 끝까지 책임지는 행위는 인간다움의 마지막 보루이자 사회가 유지되는 근본이다.

여사장의 꾸준함과 성실함은 우리가 잊고 지내던 질문을 일깨운다.

"가장 먼 곳에 있는 사람이 아니라 가장 필요할 때 곁에 있어주는 사람이 진짜 가족이고 사랑이다." 돌봄은 우리를 소모 시키는 것이 아니라 우리 존재를 강하게 만드는 힘이다. 그 힘은 누군가의 손을 잡고 그의 이름을 잊었더라도 '나를 알아보는 눈빛'을 만나는 순간

비로소 분명해진다.

2부

터널속 불빛아래 평안의 돌봄

01

그 날의 손길

김 노인은 독고 노인이다. 오늘도 창가에 앉아 있었다
오래전부터 이어온 습관이다.
매주 세 번 정해진 요일과 시간에 병원으로 향해야 했다.

신장투석 20년째 처음에 그 길이 지옥같았다.
투석이 끝난 날이면 한강 변을 걸으며

"왜 나에게 이런 일이 생겼을까?"
라는 질문을 되뇌었다.

세상은 밝은데 자신만 어두운 터널 속에 있는 기분이었다.
세월이 지나면서 절망은 익숙함이 되어 버렸다.
터널 안에서 스스로 살아가는 법을 알게 되었고, 그 어둠 속에 자리를 잡아 지내온지 꽤 오랜 시간이 흘렀다.

하지만 노년이 되자 또 다른 문제가 맞이하고 있었다.
나이가 들어서인지 몸은 점점 무거워지는 것 같았고 다리는 예전처럼 움직이지 않았다. 병원까지 가는 길이 점점 멀게만 느껴지고 그 길에 함께 걸어줄 사람이 내 주변에 아무도 없다는 것이 슬펐다.
"혹시.... 오늘은 못가는 건 아닐까..."
그날도 창가에 앉아 병원 갈 방법을 고민하던 순간 문 두드리는 소리가 들렸다.
"어르신 주민자치센터에서 병원동행 서비스를 한다고 하네요."

복지관 직원의 말이다. 김 노인이 점점 혼자 병원에 갈 수 없는 형편을 알고 주변에 방법을 알아보고 있었는데 마침 주민자치센터에서 새로운 돌봄서비스가 시작되었다는 정보를 얻게 된 것이다.

그 소식을 듣고 순간 김 노인은 아무 말도 하지 못했다. 감격했을 뿐이다. 그 말은 김 노인에게 얼어붙은 마음에 뜻밖의 온기를 불어넣어 주었다.

몇 년 만에 누군가가 나와 함께 간다. "함께 가자." 말해 준 것이었다.

며칠 뒤 병원 가는 길옆에서 발맞춰 걷는 발자국 소리가 들린다.
무척이나 따뜻했다. 오래 잊고 지내던 함께 가는 기분이 되살아났다. 이게 얼마 만인가. 김 노인은 마음속에 기쁨의 눈물을 흘리고 있었다.

차가운 투석 기계의 소음 속에서도 마음 한켠에 작은 평안과 감사의 불씨가 피어오르고 있었다.

집에 돌아오자 그는 창문을 열어 하늘을 올려 다 보았다.
예전처럼 하늘이 멀게만 느껴지지 않았다.
"아직 버릴 건 아니었구나..... 소망이라는 걸 !"

그날 이후 김 노인은 매번 병원동행자의 발걸음을 들으며 속으로 중얼거렸다.

“이보게! 고마워.. 그리고 다음에도 부탁하네.”

◑ 터널속에서 찾은 동행의 빛

사람은 누구나 자신의 터널을 지나간다. 그 터널의 어둠 속에서, 우리는 삶의 무게와 의미를 새삼 묻곤 한다. 어떤 터널은 짧고, 어떤 터널은 길다. 어떤 이는 한 번 지나가고 나오지만, 어떤 이는 그 터널 속에서 평생을 살아야 한다.

김 노인은 20년째 신장투석을 하며 그 긴 터널 속에 있다. 다른 질병은 치료를 받으면 나아질 수 있다는 희망이 있다. 그러나 투석은 다르다. ‘살아남기 위한 치료’이지 ‘완치로 가는 과정’이 아니다. 처음에는 이 현실이 너무도 잔혹하게 느껴졌다. 몸은 살아 있는데, 미래가 보이지 않는다는 사실이 그를 절망 속에 밀어 넣었다. 한강 변을 몇 번이나 서성이며, “이게 삶인가”라는 물음을 스스로에게 던져야만 했다

세월이 흐르자 절망은 익숙함이 되었고, 그는 그 어둠 속에서 살아가는 법을 배웠다. 터널 끝이 보이지 않아도, 그 안에서 자리를 잡고 사는 법 말이다. 때로는 그것이 평안처럼 느껴지기도 했다. 하지만 나이가 들면서 새로운 두려움이 다가왔다. 몸이 점점 무거워지고, 발걸음이 느려진다. 혼자 병원에 가는 길이 점점 힘들어졌다. 생명을 이어주는 투석이

지만, 그 길에 동행자가 없다는 사실이 두려움을 배가시켰다.

어느 날, 복지관에서 찾아와 주민자치센터의 병원 동행 서비스를 알려주었다. 그 말을 들었을 때, 김 노인은 아무 대꾸도 하지 못했다. 몇 년 만에 누군가가 자신의 곁에서 발걸음을 맞춰주겠다고 말해준 것이, 벅찬 감격으로 가슴에 들어왔기 때문이다. 서비스를 받는 날, 그는 알았다. 진정한 위로는 거창한 말이나 큰돈이 아니라 함께 걸어주는 발자국 소리라는 것을 깨닫게 된 것이다.

그날 이후, 그는 세상을 조금 다르게 보게 되었다. 우리는 각자 다른 터널을 지나지만, 누군가의 터널 곁을 잠시라도 걸어주는 것이 가능하다는 사실을. 그것이 그 사람에게는 절망 속에서 피어오르는 작은 희망의 불씨가 된다는 것을 알게 된 것이다.

더불어 산다는 것은, 나의 고난을 묵묵히 견디는 것만이 아니다. 누군가의 아픔 옆에서 발걸음을 맞추는 일, 그것이야말로 공동체의 숨결이며, 인간이 인간다울 수 있는 이유가 아닐까.

02

작은 오해 큰 배움

습기가 이른 아침 공기 속에 가득했다.
민수는 손수건으로 땀을 닦으며 김 어르신 댁을 향해 걸었다.
12층 주공 아파르 원룸 초인종을 누르자 익숙한 목소리가 들렸다.

"누구세요"
"어르신 저에요. 병원 가실 준비 되셨어요?"
문이 열리자 어르신은 이미 단정한 차림으로 서 있었다.
민수는 오른손으로 어르신을 부축였다.

엘리베이터 거울 속, 자신의 윗목이 이미 땀에 젖어 있었다.
병원까지 가는 길, 그는 카카오 택시를 호출했다.

도착 후, 그는 기사에게 부탁했다.
"영수증이 필요한데, 영수증 좀 부탁할께요."
기사는 잠시 멈짓했다.
"아~~ 자동결제 건은 안해봤는데. 잠시만요
발급을 잘 몰라서.."

민수의 속은 타 들어갔다. 영수증이 없으면 업무처리가 막힌다.
민수는 짜증섞인 목소리로
"빨리 좀 부탁해요. 어르신 빨리 병원으로 모셔 드려야 해요."

기사는 당황한 표정으로 택시 안에 있는 요금결제 기기를 이리저리 눌러 보았으나 발급이 되지 않았다.
결국, 어렵게 재발급 영수증을 받아 병원으로 향했지만 민수의 표정은 짜증이 풀리지 않았다.
그는 속으로
"영업하려면 기능을 제대로 숙지하고 해야지. 에이!" 하면서 어르신을 병원으로 모시고 진료를 받게 하였다.

진료를 마치고 돌아오는 길이다.
아파트에 도착해서 다른 기사에게도 같은 부탁을 했다.
이분 도 마찬가지다.

"아! 자동결제 건은 영수증 발급이?? 좀.."
발급이 어렵다는 뜻이다.

"아침엔 다른 기사분은 발급해 주셨는데요."
민수의 목소리는 다시 짜증기가 역력했다.

"자동결제 건의 영수증 발급이 되었다고요?"
기사는 머리를 갸우뚱하면서

"어떻게 하는 거지?" 하며 기기를 여기저기 눌러보고 있다.

결국, 기사는 미안하다는 표정으로 영수증 발급이 안 되니 문자로 결제 내역을 보내주면 안 되겠냐고 묻는다.

민수는 짜증이 났지만 할 수 없으니 그렇게 해달라 하고 어르신을 부축하며 집으로 모시고 들어갔다.

집에 도착한 민수는 혹시나 하는 생각 갖고 핸드폰에서 카카오 택시 앱을 열어 보았다. 그리고 그 순간 모든 것이 멈춘 듯 했다.

앱 속 프로그램 안에 결제내역이 다운로드 하게 되어 있는 것이다.

민수의 뒷목이 서늘해졌다.

"아~ 내가 착각했네. 실수 했다."

잘 알지도 못하면서 기사 분에게 다그쳤던 말투가 생각이 났다.

불필요하게 바쁜 기사 분에게 불편을 만든 순간들이 파노라마처럼 스쳐갔다.

그날 저녁, 민수는 기사에게 문자를 보냈다.

"기사님 그날 제가 잘 알지 못하고 실수했습니다. 죄송합니다."

그는 다짐했다.

정확히 알지 못하는 지식과 정보에 대해 감(感)으로 판단해서 상대를 다그치는 실수를 하면 안 된다는 생각을 했다. 내가 옳다고 생각하는 것이 얼마든지 내가 틀릴 수 있다는 생각으로 바라보아야 한다는 사실도 깨닫게 된 것이다.

◑ 조급함을 내려 놓고 관계의 온도를 배우다

사람 사이의 갈등은 대개 큰 사건에서 비롯되지 않는다. 작은 오해, 사소한 말투, 그리고 '나는 당연히 안다'는 마음에서 생긴다. 이 사소한 오해가 때로는 관계를 틀어놓고, 마음의 온도를 차갑게 만든다.

얼마 전 한 봉사자가 병원 동행 서비스 중 겪은 일이다.

거동이 불편한 어르신을 모시고 택시를 이용했는데, 자동결제 영수증 발급 문제로 기사와 실랑이가 벌어졌다. 서로 잘 몰라서 생긴 일이었다.

그러나 봉사자는 업무상 서류가 필요해 조급했고, 기사는 기기 사용법을 몰라 당황했다. 결국, 불쾌한 기류만 남았다. 그런데 나중에 알고 보니 결제내역은 본인의 휴대폰 앱에서 바로 내려받을 수 있었다.

봉사자는 그제야 깨달았다.

"나는 남을 돕는다고 하면서도, 정작 남을 배려하지 못했구나."

우리는 종종 '선의의 조급함'에 빠진다.

좋은 일을 하고 있다고 믿지만, 그 속에는 자신의 기준과 속도가 숨어 있다. 배려는 결국 '나의 방식'이 아니라 '상대의 속도'를 존중하는 데서 시작된다. 조급한 친절은 때로 무례가 되고, 느린 이해는 언제나 따뜻하다.

철학자 한나 아렌트 (Hannah Arendt)는 인간의 행위가 '함께 있음'에서 의미를 가진다 했다. 즉, 인간의 모든 행위는 관계 속에서 완성된다.

우리가 살아가는 일상은 함께 있음으로 모두 관계의 연속이며, 앎보다 중요한 것은 이해다. 많이 아는 사람이 현명한 것이 아니라, 모를 때 조용히 배우려는 사람이 더 성숙하다.

진정한 교양은 '모르는 사람을 부끄럽게 하지 않는 태도'에서 비롯된다.

지금 우리의 사회는 효율과 속도를 강조하지만, 인간의 마음은 여전히 여유와 이해를 필요로 한다. 한 번 더 묻고, 한 번 더 기다릴 줄 안다면 작은 오해는 오히려 큰 배움의 씨앗이 된다.

봉사자의 마지막 말이 오래 남는다.

"기사님 그날 제가 잘 알지 못하고 실수했습니다. 죄송합니다."

그렇다.

배움은 교실이 아니라 일상 속에서 이루어진다. 실수와 부끄러움이 우리를 성장시키고, 작은 오해가 큰 깨달음으로 이어진다.

오늘도 그 배움을 마음에 품으며, 우리가 조금 더 따뜻한 사람이 되기를 바라는 마음이다.

03

비오는 날, 형아의 눈물

성찬이는 늘 그랬다. 길가에 넘어져 우는 아이를 그냥 지나치지 못했다. 지하철에서 힘겹게 짐을 드는 노인을 보면 발걸음을 멈추었다. 그런 마음이 결국 그를 사회복지의 길로 이끌었다.

시설에 입사한 첫날. 그는 다짐했다.
"내가 맡은 이들이 세상에서 가장 존중받는 존재가 되도록 돕겠다."

그 다짐은 오래가지 않아 시험대에 올랐다.
발달 장애아동 인성이, 10대 중반의 나이였지만 이미 체격은 성인 남성 못지않았다.

불안정한 감정과 충동적 분노 때문에 누구도 맡으려 하지 않았다.
그러나 성찬이는 주저하지 않았다.
"제가 맡겠습니다. 이 친구에게 필요한 건 두려움이 아니라 믿음입니다."

처음에는 분명히 변화가 보였다. 인성이는 성찬이를
"형아" 라 부르며 따랐다. 그림을 그리며 웃기도 하고 손을 잡고 운동장을 걷기도 했다.

성찬이는 매일 밤 일지에 적었다.

"오늘 인성이가 나를 보고 즐거운 표정으로 웃었다. 그 미소 하나면 나는 충분하다."

그러나 장마철 어느 날이다. 눅눅한 공기와 잦아드는 빗소리에 아이의 마음은 흔들렸다.

인성은 방안에서 소리쳤다. 옷을 집어 던지고 친구들은 겁에 질려 숨었다.

소식을 듣고 성찬이는 회의실에서 뛰쳐 나가 현장에 도착했다.

"인성아 형아 왔다. 괜찮아. 나랑 얘기하자."

그러나 인성이의 눈빛은 이미 불안과 분노로 가득차 있었다.

"싫어....다 싫어! 다 필요 없어!"

그는 의자를 들었다. 성찬이가 급하게 다가가 붙잡았다.

"인성아 이건 아니야! 형아가 있잖아!"

그 순간 주먹이 성찬이 얼굴에 날아왔다.

무겁고 거친 충격이 얼굴을 강타했다. 눈앞이 번쩍였다. 성찬이는 바닥에 쓰러졌고 코에 피가 흘렀다.

뒤이어 달려온 동료들이 인성이를 붙잡았다.

생활실은 어느 정도 진정이 되었지만, 성찬이의 마음속에는 큰 폭풍이 몰아쳤다.

사무실에서의 매서운 힐책이었다.

"왜 제대로 돌봄이 이루어지지 않았어요? 아이가 저 정도로 분노를 일으킬 정도로 뭐 했어요."

성찬이 다친 것에 대하여 걱정하였지만, 그보다는 제대로 돌봄이 이루어지지 않았다는 것에 대한 질책이 앞섰다.

성찬이는 치료를 받았다. 조용히 침대에 누워있자니 생각에 꼬리를 문다. 마치 모든 잘못이 자기에게 있는 듯 느껴졌다

그날 밤, 병실에서 홀로 누운 그는 눈을 감았다.

귓가에 인성이의 목소리가 맴돌았다.

"형아... 나.. 그냥 힘들어.."

성찬이는 알고 있었다. 인성이의 주먹은 나에 대한 아니 그 누구에 대한 미움과 증오가 아니다. 세상과 소통하지 못한 외침이었다.

그러나 동시에 그는 속상했다.

"나도 인간이거든. 내가 누군가 돌봄을 제공하는 사람이지만 때에 따라선 나도 돌봄이 필요한 사람이라구! 나도 보호받고 싶다고."

창밖 빗소리가 가늘게 울렸다.

"누구도 상처받지 않는 현장, 혼자만의 희생으로는 불가능하다. 이제는 돌봄 대상자는 보호받아야 하고 돌봄을 제공하는 자는 감수해야 한다는 생각과 제도는 바뀌어야 한다.

모두가 보호받아야 한다.

눈을 감은 그의 얼굴이 고통과 결심이 교차하는 그림자가 드리워졌다. 하지만 내가 목소리를 낸다면 그 속에서 새로운 빛이 서서히 피어나고

있음을 느끼고 있었다.

◑ 돌보는 사람도 보호받아야 한다.

돌봄의 현장은 언제나 따뜻한 손길과 헌신의 언어로 묘사된다. 그러나 그 안을 들여다보면, 때때로 돌보는 이들이 눈물과 상처를 감추며 버티고 있다는 사실을 우리는 쉽게 놓친다. 사회복지 현장의 이면에는 보호받아야 할 또 다른 주체가 있다. 바로 '보호자'이자 '돌봄 제공자'인 사회복지사들이다.

한 청년 사회복지사의 사례는 이 문제를 선명하게 드러낸다. 그는 장애인 시설에서 발달장애 아동을 맡았다. 덩치는 크지만 아직 미성년인 이 아동은 충동적 분노와 공격성을 보이곤 했다. 그러나 대부분의 직원이 기피하던 그 아이를, 이 청년은 스스로 책임지고자 했다. '누군가는 이 아이를 품어야 한다.'는 사명감이 그를 붙들었다.

하지만 어느 날, 통제 불능의 분노 속에 날아든 주먹에 그는 크게 다쳤다. 아이를 감싸려다 되레 폭력을 당한 것이다. 그리고 돌아온 것은 위로가 아닌 질책이었다. "왜 제대로 케어하지 못했느냐."

이 장면은 사회복지 현장의 구조적 모순을 압축한다. 대상자에 의한 폭력은 '사건'으로 기록되지만, 제공자가 입은 상처는 '개인적 불운'으로 치부된다. 여기에는 제도적 보호 장치의 부재, 책임 전가 문화, 그리고 '헌신은 당연 하다'는 사회적 인식이 뒤엉켜 있다.

실제로 학계에서도 이러한 문제는 꾸준히 지적된다. 김○○(2019)의 연구에 따르면, 장애인 돌봄 종사자 47%가 대상자로부터 신체적·언어적 폭력을 경험했으나, 그에 대한 보상이나 지원 체계는 극히 미비했다. 이들은 외상 후 스트레스, 직무 소진, 퇴직 의향 증가라는 결과로 이어지고 있었다.

한편 인권 담론의 측면에서도 균형이 필요하다. 인권은 약자를 보호하기 위한 개념이지만, 그것이 한 방향으로만 적용될 경우 또 다른 불평등을 낳을 수 있다. 돌봄 종사자 역시 '인간'이며, 안전과 존엄을 지킬 권리가 있다. 독일, 캐나다 등 일부 국가는 돌봄 제공자의 권리를 '노동인권'이자 '인권'으로 규정하며, 법적 안전장치를 강화하고 있다. 반면 우리 사회는 여전히 "서비스 제공자는 무한히 인내해야 한다"는 암묵적 강요 속에 머물러 있다.

이제 질문해야 한다.

"사회복지란 누구를 위한 것인가?"

대상자의 권리만이 아니라, 그 권리를 지탱하는 종사자의 권리까지 함께 보장될 때 비로소 복지는 완성된다. 안전한 환경, 전문적 대처 교육, 폭력 피해에 대한 보상 체계, 심리적 치유 프로그램은 더 이상 선택이 아닌 필수다.

사회복지를 아름다운 '희생의 서사'로만 소비하는 사회는 오래가지 못한다. 돌봄 제공자의 눈물 위에 세운 제도는 결국 무너진다. 이제는 그들의 목소리를 제도 속에 새겨 넣어야 한다. 그것이야말로 진정한 의미의 '상호 존중의 복지 사회'로 나아가는 길이다.

04

여름의 그림자와 빛

김 노인 시골집은 여름 햇살이 반짝였다.

마당에는 손주가 뛰노는 웃음소리가 울려 퍼지고, 부엌에서는 장작불에 끓여낸 삼계탕 냄새가 진동했다.

서울에서 내려온 막내딸 가족이 집안을 가득 채웠기 때문이다.

5살 손녀 은나는 오랜만에 본 할아버지와 할머니가 낯설었던지 엄마 치맛자락을 꼭 붙잡고 떨어지지 않았다.

하지만 시간이 흐르자 조금씩 마음을 열었다. 할머니 무릎에 앉아 포도를 하나 집어먹고, 할아버지 넓은 품에도 조심스레 안겼다. 김 노인 부부는 그 순간 세상의 어떤 부자보다 행복했다.

“아고, 우리 손녀 눈에 넣어도 안 아프겠다.”

“이 애교를 어디 배웠을까. 정말 귀엽네 우리 손주!!”

식탁 위 정성껏 준비한 삼계탕이 올라왔다.

땀을 흘리며 사위는 연신 맛있다며 칭찬을 늘어놓았다. 모두가 웃으며 식사를 마친 뒤 근처 계곡으로 놀러 가자는 제안이 나왔다.

시원한 물속에서 아이와 함께 즐거운 시간을 보내고 싶었던 것이다.

마당은 순식간에 분주해 졌다. 돗자리, 과일, 간식거리들을 챙기고 유모차도 접어 트렁크에 실었다.

이 서방은 운전석에 앉아 시동을 걸었다. 그는 모두가 차에 올랐다고 생각했다. 차가 움직이는 순간

'드르륵'

아이의 비명과 함께 아내의 놀란 소리가 울려 퍼졌고 아이는 자동차 옆으로 쓰러졌다.

"은나야"

막내 딸의 놀란 외침은 하늘의 공기를 찢어내는 듯 했다.

아이는 차 바퀴에 발이 스치며 땅바닥에 넘어지고 딸은 문짝에 부딛혀 쓰러지고 사위는 얼굴이 새파랗게 질렸다.

"브레이크! 얼른 차 세워 !"

"여보 후진해! 은나 발이 바퀴에 끼었어."

딸의 외침에 이 서방의 손은 덜덜 떨렸고

이마에는 식은땀이 흘렀다. 겨우 차를 멈추고 후진하자 아기의 발이 빠져나왔다. 은나는 울음을 그치지 않고 연신 울어대며 엄마 품에 안겼다.

김 노인 부부는 피가 몰려 얼굴이 하얗게 질려 있었다.

곧바로 병원으로 달려갔다. 차 안은 울음과 사과, 탄식 소리로 가득했다. 이 서방은 계속해서 '잘못했어' '내가 잘못했어' '내가 미안해'라며 죄인처럼 떨었고, 딸은 눈물에 젖어 아이를 끌어안고 있었다. 김 노인은 앞 좌석에서 하늘을 바라보았다.

푸른 하늘은 그렇게 높고 맑았다.

응급실에서 의사는 말했다

"발등이 금이 갔습니다. 다행히 큰 골절은 아닙니다. 깁스를 하고 한번 지켜봅시다."

모두가 안도의 숨을 내쉬었다.

그러나 마음속 충격은 쉽게 가라 앉지 않았다.

집으로 돌아오는 길, 김 노인은 떨고 있는 사위의 어깨를 두드리며 말했다.

"이 서방! 다행히도 크게 다치지 않은 것만으로도 감사해야지.

자네 마음이 얼마나 놀라겠나. 너무 자책하지 말게."

깁스를 한 은나는 할아버지 품에 안겨 흐느끼며 말했다.

"할아버지! 나 다쳤어.."

"그래 많이 아팠지?"

"응"

"하지만 이젠 괜찮아질거야.."

아이의 작은 고백은 오히려 모두의 마음을 녹여주었다.

그날 밤, 김 노인은 홀로 마당에 앉아 깊은 한 숨을 내 쉬었다.

삶이란 이렇게 한순간의 방심으로도 무너질 수 있다. 하지만 동시에 한순간의 기적으로도 지켜질 수 있다...

그는 하늘을 올려다 보았다.

별빛이 총총히 박히 여름밤의 하늘은 넓고 깊었다.

김 노인의 가슴에 이런 생각이 새겨 졌다. 빨리 가는 것이 중요한 게 아니다. 지금의 이 순간을 살피고, 곁에 있는 이들을 지켜 내는 것 그것이 우리들의 삶의 가장 소중한 지혜라는 것을.

◑ 지금의 순간을 살펴라

시골마당에 벌어진 작은 사고는 가족 모두에게 커다란 충격을 남겼다. 모두가 차에 올랐다고 생각했던 순간, 사실은 아직 타지 못한 아이와 엄마가 있었다. 그 짧은 착각과 조급함이 어린 외손녀의 발을 자동차 바퀴에 스치게 만들었다. 다행히도 큰 골절은 아니었지만 놀란 가족들의 가슴은 한동안 진정되지 않았다.

이 사건은 단순히'주의 부족'이나'실수'로 끝낼 수 있는 문제가 아니다. 현대사회가 우리 모두에게 강요하는 삶의 속도를 보여주는 상징과도 같다. 우리는 늘 바쁘다. 출근길에 서두르고 퇴근길에도 또 다른 약속에 쫓기며 간다. 아이를 챙기면서도 다른 일정을 걱정한다. 해야 할 일이 많다 보니 현재 눈앞에서 벌어지고 있는 순간을 온전히 바라보지 못 한다.

사위는 그 순간의 착각이 가져올 수 있었던 끔찍한 결과에 몸서리 쳤을 것이다. 아내와 딸 앞에서 거듭 고개 숙여 사과하며 "미안하다."는 말만 되풀이 했다.

'다친 것도 다친 것이지만, 자네 마음이 얼마나 놀랐겠나. 이 정도로 끝난 게 다행이지.'

이 짧은 말 속에는 긴 세월을 살아온 사람만이 할 수 있는 지혜가 담겨 있다. 인생에서 불행은 언제든 찾아올 수 있지만 동시에 그 불행은 더 큰 불행으로 이어지지 않을 수도 있다. 따라서 우리가 붙잡아야 할 것 은 무사히 건너온 지금 이 '순간'이다.

철학자 하이데거(Heidegger)는 인간을 '앞으로 던져진 존재'라고 말했다. 미래를 향해 끊임없이 던져지고 다가올 일에 대한 불안 속에서 살아가는 것이 인간의 숙명이라는 것이다.

하지만 그가 동시에 강조했던 것은 '현 존재' 즉 '지금-여기' 존재하는 나 자신을 직시하는 태도다. 삶의 의미는 미래에 있지 않고 이 순간에 있는 것이다.

우리 사회는 '빨리빨리'라는 이름으로 효율을 숭배해 왔다. 물론 효율은 발전을 이끌어 왔지만 그 속에서 인간의 마음은 점점 메말라가고 있다. 모든 일을 서두르며 지나치다 보면 정작 소중한 가족의 눈빛, 아이의 웃음, 내가 숨 쉬고 있는 지금의 공기마저 놓치게 된다.

삶은 결과가 아니라 과정이다. 우리가 서두르는 동안 삶은 이미 지나가고 있다. 그러므로 더 '빨리빨리' 가 아니라 '깊이'의 시간이 필요하다. 한 박자 멈추어 서서 이 순간을 들여다보고 내 옆에 있는 사람의 숨결을 느끼고 눈앞의 상황을 차분히 살피는 지혜 말이다.

시골집 마당에서 벌어진 사건은 경각심과 동시에 감사의 마음을 일 깨운다. 만약, 그 순간 브레이크가 조금만 늦었더라면. 만약, 아이가 한 발짝 더 앞에 있었더라면 결과는 상상하기조차 어려운 끔찍했을 것이다. 그러나 다행히 우리는 '이 정도'에 멈출 수 있었다. 이것이 바로 우리가 감사해야 할 이유다.

삶에서 중요한 것은 속도가 아니라 방향이며 무엇보다 '지금 여기의 충실함' 이다. 우리는 늘 바쁜 몸과 마음속에서 현재를 놓치곤 한다. 그러나 오늘의 작은 사고가 던져주는 메시지는 분명하다.

'지금의 순간을 살펴라' 지금 옆에 있는 사람들을 바라보라. 그리고 그 멈춤 속에서 사람의 참된 의미를 발견하라.

05

어둠 속에 등불

서울 외곽, 오래된 빌라 1층.
요양보호사는 긴급돌봄의뢰서를 손에 쥐고 초인종을 눌렀다.

"딩동.. 딩동..."
잠시 정적. 아무런 반응이 없다.

"이상하다... 주소는 맞는데."
그는 의뢰서를 다시 확인했다.

다시 초인종을 눌렀다.
"딩동..."

역시 대답이 없다. 이번엔 핸드폰을 꺼내 의뢰서에 적힌 번호를 눌렀다. 여러 번 신호가 울리더니, 힘 빠진 목소리가 들려왔다.

"여...여보세요.."
"아, 안녕하세요! 주민자치센터에서 의뢰받고 돌봄을 드리러 방문한 요양보호사입니다."

"...아, 그래요... 잠깐만요...."
끊어진 전화 후, 한참이 지나 문이 열렸다.
요양보호사는 순간 말을 잃었다.
"어구... 이런.."
중년 남성이 팬티만 입은 채, 비틀거리며 서 있었다.
집 안은 쓰레기와 술병으로 뒤엉켜 있었다.
남자 요양보호사가 방문했길래 망정이지 그렇지 않았다면..
생각만 해도....끔직했다.

요양보호사는 당황했지만 미소를 지으며 인사를 건넸다.

"안녕하세요 저는 앞으로 2개월 동안 주 2회 1일 2시간씩 김정민씨를 도와 드리게 된 요양보호사예요."
"도와 준다고요?.... 뭘? 뭘 도와줘요?"

"주변 정리, 식사보조, 생활 하시는데 도움 드릴 것 있으면 도와 드리려구요..
오늘은 첫날이니까 우선 거실부터 정리해 드릴까 하는데 괜찮으시겠어요?"

남자는 고개를 떨구며 혼잣말로 중얼 거렸다.
"하...별일 다 있네...뭐..알아서 하세요. 집 꼴이 너무 지저분 한데 놀라셨죠?"

"조금 놀랐지만, 괜찮습니다. 함께 하면 좋아질 거예요."

요양보호사는 조심스레 빗자루를 들고 청소를 시작했다. 그러면서 은근히 말을 이어갔다.

"혹시 가족은?... 계시나요? 어떻게 되세요?"

남자는 한숨을 내쉬었다.

"가족요?...아내, 딸 둘이 있었지요. 다 떠났어요. 나 때문에."

"떠나다니요...무슨 일이 있으셨나요?"

"사업이 망했어요. 인테리어 회사 했는데, 그게 무너지니까 가정도 무너졌죠. 아내는 나하고 말다툼하다 지쳐 집을 떠나고...

술만 찾는 내 꼴에 보기 싫다고 딸들도 집을 나가 버렸어요. 지금까지 연락도 없어요..그 뒤로 그냥 이렇게 죽지 못해 살고 있어요."

담배에 불을 붙이며 그는 허공을 바라보았다.

"살아 뭐하나 싶기도 해요. 술 마시다 자고, 깨면 다시 마시고...

그러다 죽는거죠."

요양보호사는 잠시 멈췄다가, 담담히 말했다.

"많이 힘드셨겠어요. 결코, 쉽지 않은 시간들을 보내셨네요."

".....?"

남자는 의아한 듯 요양보호사를 바라봤다. 누구도 자신에게 그런 관심과 말을 해주지 않았기 때문이다.

며칠이 흘렀다.

요양보호사가 매번 안부를 묻고, 식사를 챙기고, 이야기를 들어주자 남자의 태도는 서서히 변해갔다.

“정민씨! 오늘은 몸 좀 괜찮으세요?”
“응… 뭐, 어제보단 낫네요.

근데 선생님은… 왜 자꾸 나한테 이것저것 물어보고 잘 챙겨 주시려 하죠? 때론 귀찮긴 한데 ~~
그냥 일이라서 그런 거죠?”

“일인 것도 맞지만, 저는 정민씨를 아주 편하게 만나러 온 거예요, 이야기도 나누고 싶고 혼자가 아니라는 것도 말씀 드리고 싶구요.”
“편하게?.. 혼자가 아니라?”

남자는 그 말을 되새기며 잠시 침묵하다가, 술병을 치우던 요양보호사를 바라보며 말을 꺼냈다.

“사실,, 저..말 안했는데. 선생님 오시기전에… 인생포기 하려 했어요..죽으려고 마음먹고 있었습니다.”

“네에??.....”

정민씨는 남자요양보호사를 선생님이라 호칭한다. 인생을 포기하려 했다는 말에 요양보호사는 일을 하다 깜짝놀라며 멈춰서서 더 이상 말을 잇지 못했다.

“바보 같은 생각이죠. 나는 내가, 세상에 필요 없는 사람이라 생각했거든요. 가족도 버린 나를 누가 관심 갖아주고 챙기나 싶었죠.”

중년 남성인 정민씨는 침통한 표정을 지으며 힘없이 말을 이어간다.

“그런데… 선생님이 내 안부를 묻고 저한테 너무 친절하게 대해주시더군요.
그것도 진심으로. 나를 겁내며 바라보는 것도 아니고, 무시하는 것도 아니고… 그냥 있는 그대로 대하시면서요.
그게…이상하게도 마음이 끌렸어요.”

요양보호사는 그의 손을 조심스레 잡았다.

“정민씨, 앞으로는 ‘그런 생각하지 마지고 우리 같이 ‘희망’을 생각해 봐요. 그리고 정민씨는 예전이나 지금이나 여전히 소중한 사람예요.”
그 말에 남자의 눈가가 붉어졌다.
“…내가 소중한 사람이라구요??.. 그런 말 참 오랜만에 들어보네요”

시간이 흐르며 몇 일 후 남자의 모습은 달라졌다. 그는 스스로 술병 대신 창문을 열고 바람을 맞으며, 쓰레기를 버리고 방을 정리했다.

어느 날, 그는 요양보호사에게 말을 건넸다.
“선생님! 오늘은 내가 라면 끓여 드릴까요?
예전엔 내가 요리를 꽤 했었는데 … 오랜만에 해 보고 싶기도 하구요.”

“아, 정말요? 그럼 같이해요. 제가 돕겠습니다.”
“아니예요, 이번엔 제가 해 보고 싶어요. 늘 받기만 했는데, 오늘은 라면을 대접해 드리고 싶네요.”

그리고 두 사람은 함께 라면을 준비하며 소소한 대화를 나누었다.

"선생님 저 이제 그런 극단적인 생각은 안 하기로 했어요.

아직은...

누군가, 내 이야기를 들어준다는 것이 이렇게 큰 힘일 줄 몰랐습니다."

그 말에 요양보호사는 남성의 손을 살짝 잡아주며 한마디 보탠다.

"아주 잘 하셨어요. 그럼 이제 작은 희망부터 우리 한번 찾아 볼까요. 아주 작은 것부터 시작해요."

"작은 희망이요?? 글쎄.. 뭐로 하죠?

음~ 그러면 오늘 끓인 라면으로 승패를 한번 걸어 볼까요. 제가 끓인 라면이 맛있는지 아니면 맛이 없는지?? 어때요. 작은 희망으로 충분할까요?"

"그럼요.. 충분하죠. 그것이 삶을 붙잡는 시작이 될 수 있으니까요."

"그 대신 맛있게 끓여야 되요?"

"하하 알겠습니다."

이젠 그는 더 이상 고립된 섬이 아니었다.

누군가의 관심과 공감 속에서 다시 사회로 나오고 인간으로 돌아오는 중이었다.

요양보호사는 마음 속으로 깨달았다.

"돌봄이란, 단순히 생활을 챙기는 게 아니라

그것은 곧 '존재를 인정하는 일' 이구나."

밖에는 여전히 각박한 사회가 굴러가고 있었다. 그러나 이 낡은 빌라 안에서만큼은, 한 사람의 삶이 구원받고 있었던 것이다.

그리고 그것은 작은 대화, 진심 어린 한마디에서 시작되었다.

◑ 돌봄은 존재를 인정하는 일

현대사회는 눈부신 경제 발전과 편리성을 제공했지만, 정작 인간의 내면은 공허함과 박탈감 속에 흔들리고 있다.

집집마다 가전제품은 넘쳐나고 도시 곳곳은 화려한 빛으로 물들지만, 마음의 등불은 점점 꺼져가고 있다. 사람들은 경쟁과 성과 속에서 자꾸만 자신을 잃어버리고, 실패한 사람들에게는 따뜻한 손길 대신 냉혹한 시선이 먼저 다가온다. 그 결과, 사회에서 도태되어 고립과 무기력 속에 갇히는 이들이 하나씩 늘어나고 있다.

서울 외곽의 오래된 빌라에서 만난 한 남성의 이야기를 이를 상징적으로 보여준다. 그는 한때 유능한 인테리어 사업가였고, 미대를 졸업한 재능 있는 사람이었다. 그러나 사업실패 후 무너진 가정, 아내와 딸의 가출은 그의 사람을 온전히 고립된 섬으로 몰아넣었다. 술로 하루를 버티며, 쓰레기로 가득한 집 안에서 자신을 무가치한 존재로 여겼다.

이곳에 주민자치센터의 긴급돌봄을 통해 생활 요양보호사가 찾아왔다. 그는 당장 눈앞의 쓰레기와 혼란스러운 모습에 혀를 찰 수도 있었으나, 그 대신 귀를 기울이고 마음을 열었다. 상대의 절망 속에 감춰진 인간적 고통을 존중하며 따뜻한 시선으로 대했다. 단순한 '서비스 제공자'가 아닌 한 인간으로서, 그리고 한 형제처럼 다가갔다.

인간은 본래 사회적 존재라는 사실을 수많은 철학자들이 강조해 왔다. 아리스토텔레스 (Aristoteles) 는 『정치학』에서 인간을 "폴리스적 동물(zoon politikon)"이라 부르며, 공동체 없이는 인간의 삶 자체가 불가능하다고 했다. 고립과 단절은 곧 인간다움의 상실을 의미한다.

임마누엘 칸트(Immanuel Kant)는 인간을 도덕적 존재로 규정하면서, 타인을 "목적 그 자체" 로 대우해야 한다고 주장했다. 누군가를 단순히 '사회낙오자','문제 대상자'로 취급하는 것은 그를 수단화하는 것이며, 진정한 인간적 도덕성을 상실하는 일이라 했다.

현대 심리철학자 빅토르 프랭클(Viktor Emil Frankl) 역시 『죽음의 수용소에서 』에서 인간이 극한 상황에서도 살아남을 수 있는 이유를 "의미"에서 찾았다. 누군가 나를 필요로 하고, 나의 존재가 존중된다는 경험이야말로 삶의 동력을 제공한다. 요양보호사의 "당신은 여전히 소중한 사람입니다."라는 태도가 곧 그에게 새로운 의미를 불어 넣은 것이다.

전문가들은 자살시도자 대부분은 죽음 직전까지 무의식적으로 도움을 요청하는 신호를 보낸다고 말한다. 하지만 사회는 그것을 알아채지 못하고 방치한다. 무심함이 생명을 잃게 만드는 것이다. 반대로, 아주 작은 관심과 따뜻한 공감은 누군가의 생명을 붙잡는 줄이 될 수 있다.

하이데거(Heidegger)는 현대사회의 인간을 '세상 속에서 내 던져진 존재'라고 표현했지만 동시에 '배려(sorge)'를 통해 진정한 존재 의미를

회복 할 수 있다고 했다. 배려란 곧 공감과 관심이다. 누군가가 내 안부를 묻고, 나의 고통을 들어주는 그 순간, 우리는 단절의 세계에서 다시 연결되는 경험을 얻게 된다.

인간은 혼자 살아갈 수 없는 존재다. 고독은 철학자가 말한 '존재의 실존적 외로움'일 수 있지만, 무관심은 사회가 만든 인위적 단절이다. 경제적 풍요보다 더 중요한 것은 서로를 인정하고 존중하는 인간적 관계다. 돌봄이란 단순한 돌봄 행위가 아니라 타인의 존재를 긍정하고, 그가 여전히 사회의 일원임을 확인시켜 주는 철학적 실천이다.

공감과 관심은 곧 생명을 살리는 기술이다. 그리고 그것은 철학이 말해온, 가장 오래 된 진리 '인간은 서로를 위해 존재한다.' 는 사실을 일깨워 준다.

06

그날, 돌봄이 멈춘자리

늦은 오후, 전화 한 통이 수형에게 걸려왔다. "수형아, 너희 아버지 지금 서쪽 길 따라 혼자 걷고 계시데." 순간, 수형의 머릿속이 하얘졌다.

"뭐라고? 혼자?"
"응, 우리 동네 후배가 봤대. 전에 아버지가 치매 있으시다 했지, 좀 이상해서 전화했어."

전화가 끊기기도 전에 수형의 손은 떨리고 있었다. 아버지는 매일 주간보호센터를 다녀오신다. 오후 다섯 시면 늘 거실 의자에 앉아 과일을 드시며 TV를 보시던 분이다. 그런데 이 시간에 집이 아닌, 반대 방향 서쪽으로 혼자 걷고 있다니 믿기지 않았다.

수형이는 집으로 전화했다. "엄마, 아버지 아직 안 들어오셨어요?"
"그래, 아직. 센터에서 안 오셨는데 오실 때가 한참 지났는데 아무연락이 없다."

엄마의 목소리는 불안으로 떨렸다. 수형은 차를 몰았다. 친구가 알려

준 방향으로 달렸다. 아버지 집에서 서쪽 방향의 길로 향했다.

저녁 햇살이 길게 늘어진 도로를 붉게 물들이고 있었다. 잠시 후, 멀리서 익숙한 뒷모습이 보였다. 어깨가 조금 구부정해진 아버지였다. 아버지는 무언가를 찾아 걷는 사람처럼, 목적도 없이 똑바로 전방만 바라보며 걸어 가신다. 수형은 아버지 곁에 다가서서 차를 세우고 내렸다.

"아버지!"

그 순간, 아버지가 뒤돌아섰다.

얼굴엔 엄청 반가움이 표정이셨다. 아버지도 걱정하며 걸으셨던 모양이다. 길을 잃었다는 것을 느끼셨던것 같다.

"수형이냐?"

"네, 아버지. 차에 타세요. 집에 가요."

집으로 돌아오는 길, 수형의 가슴은 분노와 안도감이 뒤섞여 있었다. '센터에서 어떻게 이런 일이 있을 수 있을까 ?' 집에 도착하자마자 그는 주간보호센터로 전화를 걸었다. 원장은 수형이 이야기를 듣고 놀라움을 금치 못했다. 미안함이 가득한 목소리로 말했다.

"정말 죄송합니다. 담당 요양보호사가 아파트 입구까지만 모시고 그냥 돌아갔나 봅니다. 제가 확인해 보겠습니다."

"입구에 내려드리고 갔다고요? 치매 어르신인데? 이런 일이 있을 수 있어요."

" 죄송합니다. 다시는 이런 일 없도록 하겠습니다."

전화를 끊은 뒤에도 수형의 손끝은 떨렸다. 만약 그때 친구 후배가 못 봤더라면? 아버지가 아파트 입구에 내려드리면 알아서 집으로 찾아가실 수 있긴 했다. 아무리 그렇다 해도 있을 수 없는 일이다. 급격히 치매 정도가 심해지셨는데..

만약 해가 더 지고 나서였다면? 상상만 해도 등골이 오싹했다.

거실로 들어서자 아버지는 소파에 앉아 있었다. 마치 아무 일도 없었던 사람처럼. 엄마가 깎아드린 배를 맛있게 드시며 TV를 보신다.

"이거 참 달구나."

그의 눈에는 세상 모든 근심이 사라진 듯했다. 엄마는 조용히 아버지를 바라보다, 혼잣말처럼 말했다.

"그렇게 똑똑하셨던 분이…"

말끝이 허공에 흩어졌다.

수형은 그 말을 들으며, 마음속에 돌덩이 같은 무거움이 내려앉았다. 한 시대의 가장이셨고 가정을 지탱하던 아버지의 존재가 서서히 희미해지는 현실이 슬프기만 하다. 그리고 그 자리를 지켜야 하는 가족의 무거운 책임이 자신에게 되돌아 왔다는 것을 실감한다.

그날 밤, 수형은 아버지 방문 앞에 서서 한참을 서 있었다. 잠든 아버지의 얼굴은 평화로웠다.

'아버지는 왜 서쪽 방향으로 걸으셨을까?'

혹시 치매오기 전 교회를 가던 방향의 길, 예전 직장으로 가던 길이었을까?

몸은 늙었지만, 기억은 여전히 그 시절을 향해 걷고 있었던 것이다. 서쪽으로 걷던 아버지의 발걸음은 단지 길을 잃은 것이 아니라, 잃어버린 자신을 찾으려는 마음의 여정이었는지도 모른다.

◑ 돌봄의 자리는 책임의 자리다

늦은 오후, 치매를 앓고 있는 한 어르신이 집으로 향하지 않고 반대편 길, 서쪽으로 걷고 있었다. 그 길은 아들이 뛰어와 모시기 전까지 누구에게도 알려지지 않았던 위험의 길이었다.

주간보호센터에서 집 앞까지 모셔다드린 뒤, 담당 요양보호사는 "이제 괜찮겠지" 하고 발길을 돌렸다. 그러나 돌봄은 '그쯤이면 됐다'에서 끝나지 않는다. 그 한걸음의 방심이 한 생명의 존엄을 위태롭게 할 수도 있기 때문이다.

돌봄의 현장은 언제나 긴장된 책임의 자리다. 돌봄은 단순히 사람을 '보살피는 일'이 아니라, 그 사람의 존재를 끝까지 책임지는 일이다. 그 끝을 어디로 삼느냐가, 돌봄의 품격을 결정한다.

요양보호사나 사회복지사는 법과 지침 속에서 일한다. 송영 기준, 인수인계 절차, 안전 확인의 매뉴얼이 존재한다. 그러나 매뉴얼이 인간의 생명을 대신 할 수없다. '의무'는 규정이 정하는 최소한의 선이고,'책임'은 양심이 지켜야 할 최후의 선이다. 이 사건에서 요양보호사는 아파트 입구까지만 모셨다. 그는 아마도 업무가 밀려 있었을 것이다. 다른 어르신들의 귀가도 챙겨야 했을 것이다. 그러나 돌봄의 세계에는 "그 정도면 괜찮겠지"라는 말이 존재할 수 없다. 한 어르신의 생명과 존엄은 '다음 일정'보다 가볍지 않기 때문이다.돌봄을 맡은 이는 늘 한 인간의 마지막 안전선 위에 서 있다는 사실을 잊어서는 안 된다.

'돌보다'라는 말에는 두 가지 동사가 숨어 있다. 하나는 '본다'이다. 즉, 끝까지 바라본다는 뜻이다. 다른 하나는 '돌다'이다. 즉, 그의 곁을 한 바퀴 돌아준다는 뜻이다. 따라서 '돌본다'는 것은 곁에 머물러 그를 끝까지 바라보는 행위다. 눈을 떼지 않고, 그가 완전히 안전한 자리까지 함께하는 것이다. 돌봄은 단순히 '보호'가 아니라 '동행'이다. 보호는 대상이 있고 주체가 있지만 동행에는 함께 걸음이 있다. 이 차이를 잊을 때, 돌봄은 '업무'로 변질되고 그때부터 사람은 '이용자'로만 남는다.

돌봄 종사자는 세상에서 가장 인간적인 일을 한다. 그렇기에 누구보다 윤리적 감수성이 깨어 있어야 한다. "나는 한 사람의 하루를, 아니 생의 마지막 시간을 함께하고 있다"는 자각은 일상의 피로를 견디게 하는 동시에 자신을 단련시키는 도덕적 긴장이다. 그 긴장이 사라지면, 돌봄은 제도화된 서비스로만 남고 어르신은 '이용자 번호'로만 기록된다. 그러나 우리가 돌보는 분들은 단순한 고객이 아니라 한 시대를 살아낸 인간이며, 우리의 미래이다. 그분을 통해 우리는 우리 자신의 노년을 미리 배우고 있다.

돌봄의 품격은 화려한 프로그램이나 시설에서 결정되지 않는다. 그 사람을 끝까지, 집 안으로 들어가는 마지막 순간까지 지켜보는 태도에서 드러난다. '마지막 1분'을 책임지는 마음, 그것이 진짜 돌봄이다. 어르신의 걸음이 서쪽으로 향한 것은, 단지 기억을 잃었기 때문만은 아닐 것이다. 그분의 몸이 기억하는 길, 마음이 그리워한 길이었을지 모른다. 그러나 우리는 그 길이 안전하게 이어질 수 있도록 곁에서 방향을 잡아주는 존재가 되어야 한다.

돌봄은 '곁의 철학'이다. 지켜보는 일, 함께 걷는 일, 끝까지 기다리는 일, 이 세 가지가 돌봄의 핵심이다. 이 사건은 한 어르신의 길 잃음으로 끝나지 않는다. 그 길 위에 돌봄의 책임이 얼마나 무겁고 한 순간의 무심함이 얼마나 큰 위험을 낳는지를 보여준다. 돌봄은 사랑이 아니라 책임으로 증명되어야 한다. 그리고 그 책임은 제도의 명령이 아니라 인간에 대한 예의에서 비롯되어야 한다.

누군가의 하루를 맡는다는 것은 그의 생을 잠시 대신 짊어지는 일이다. 그 무게를 느낄 수 있을 때 비로소 우리는 진정한 돌봄의 사람이라 불릴 수 있다.

07

돌이킬 수 없는 순간

거실 불빛을 켜자, 어머니는 깜짝 놀란 듯 눈을 크게 떴다.
"엄마, 왜 안 주무시고 여기 계셔요?"
"아, 나 집에 가야 돼. 네 아빠 퇴근하실 시간인데 밥 차려야지."
나영이는 울컥 눈물이 차올랐다.

"엄마… 아빠는 벌써… 우리 곁에 안 계시잖아요."
"무슨 소리야? 너까지 왜 그래. 네 아빠 금방 들어오실 텐데. 날 속이려는 거지?"

어머니는 현관 쪽으로 성큼성큼 다가갔다. 나영이는 달려가 두 손으로 어머니의 팔을 붙들었다.

"엄마, 제발… 나가시면 안 돼. 여기서 넘어지면 큰일 난다니까!"
"놔! 내 집에 내가 가겠다는데 왜 막아!"

어머니는 힘겹게 나영이의 손을 뿌리치려 했다. 두 사람의 실랑이는 한참 동안 이어졌다. 결국 어머니는 의자에 주저앉아 흐느끼기 시작했다.

“내가 왜 이렇게 됐니… 아무것도 기억이 안 나. 바보 같아.”
나영이는 눈물로 젖은 어머니의 손을 꼭 쥐었다.

“엄마, 괜찮아. 나이 들면 다 그래. 나 여기 있어. 엄마 혼자 아니야.”

밤새 잠을 못 잔 탓에 나영이는 출근 준비를 하면서도 머리가 멍했다. 주간보호센터 복지사가 도착했을 때, 어머니는 여전히 일어나려 하지 않았다.

“어머니, 센터 가셔야지요.”
“안 가! 나 집에 있어야 돼.”

나영이는 억지로 어머니를 부축하며 속으로 중얼거렸다.
‘이게 언제까지 가능할까… 나도 버틸 만큼 버텼는데.’

퇴근길에 전화를 건 오빠의 목소리는 차가웠다.

“나영아, 솔직히 너 혼자 다 감당하기 힘들잖아. 괜히 고집부리다가 네 건강만 해쳐.”

“오빠, 엄마를 요양원에 모셔봤잖아. 그때 어떻게 힘들어하셨는지 기억 안 나? 매일 울면서 집에 가겠다고 하셨잖아.”
“그래도 이제는 다르다니까. 시설도 좋아지고, 간호사들도 전문적이야.”

“말은 쉽지. 오빠는 하루라도 엄마랑 밤새 씨름해 본 적 있어? 나는 매일이 전쟁이야. 근데 요양원 얘기만 하면 끝이라고 생각해?"

언니도 끼어들었다.

"나영아, 네가 고생하는 건 알아. 하지만 우리도 애들 키우고, 집안일 하느라 여유가 없어. 네가 아직은 혼자고 막내니까 좀 더 할 수 있는 거잖아."

"그럼 나 보러 막내라서 다 떠맡으라는 거야? 형제라는 게 뭐야, 같이 책임지는 거 아니야?!"

목소리는 점점 격해졌고, 결국 나영이는 전화를 끊어버렸다. 눈물이 핑 돌았다.

'내가 무너지면 엄마는 진짜 외로워지는데… 아무도 몰라. 아무도.'

며칠 뒤, 나영이는 한계에 다다랐다. 언니와 오빠에게 다시 전화를 걸어 울분을 터뜨렸다.

"일주일에 하루만이라도 엄마 좀 맡아 달라 했잖아! 그게 그렇게 힘들어? 나머지는 다 내가 한다고 했잖아. 나도 사람인데 하루는 쉬어야지!"

오빠는 짜증 섞인 목소리로 답했다.

"그럼 차라리 요양원으로 보내. 너 혼자 짊어질 필요 없어."

"요양원 얘기 그만해! 엄마 성격 모르냐고! 거기서 얼마나 힘들어하셨는데 또 보내라고?!"

“그럼 네가 알아서 해. 우리가 뭘 더 해 줄 수 있겠니?”

그 순간, 나영이의 목소리는 절규로 바뀌었다.

“그래, 그동안 내가 다 했어! 하지만 더는 참을 수 없어. 오늘부터는 나도 몰라. 언니 오빠들이 알아서 모셔!”

전화를 끊은 뒤, 나영이는 그대로 집을 나섰다. 친구 집에 몸을 의탁하며 눈물을 흘렸다. 내가 잠시 나가버리면 오빠 언니들이 엄마를 나 몰라라 하지 않을 것이라 생각했다. ‘어디 나 없이 한번 모셔 봐’ 그런 의도도 내재 되었다. 자신에게 모든 것을 떠 맡으려는 모습이 야속하기만 했던 것이다.

다음 날 집으로 돌아온 나영이는 저녁때 어머니가 센터에서 돌아올 시간에 맞춰 기다렸다. 그러나 어머니는 오지 않았다. 아무 연락도 없다.

“왜 이렇게 늦지? 무슨 일 있나?”

두 시간쯤 지났을 때, 불길한 예감이 엄습했다. 나영이는 떨리는 손으로 주간보호센터에 전화 걸었다.

“원장님, 우리 엄마 아직 안 오셨는데요. 혹시 무슨 일 있으세요?”

“어머, 모르셨어요? 어제 아드님이 모시고 가셔서 건강검진 받으신 후 요양원에 모셨는데요.”

“네? 오빠가요?”

나영이는 귀를 의심했다. 전화를 끊는 순간, 바닥에 털썩 주저앉았다.

"엄마… 내가 끝까지 지켜드린다 했는데…"

울음은 걷잡을 수 없이 터져 나왔다. 창밖에는 가을비가 부슬부슬 내리고 있었다. 빗소리가 마치 나영이의 절규를 삼켜버리는 듯 했다.

그날 밤, 나영이는 창문 앞에 앉아 빗방울이 흘러내리는 창문유리를 바라보았다.

'엄마, 나 약속 지키지 못했어. 하지만… 아직 끝난 건 아니야. 언제든 엄마 곁으로 갈 거야.'

눈물 속 다짐은 허공에 맴돌았다. 나영이의 가슴에는 여전히 사랑과 책임, 그리고 가족이라는 이름의 무거운 짐이 남아 있었다.

◑ 기억의 틈새에서 피어나는 사랑

부모를 돌본다는 일은 겉으로 보기엔 따뜻한 효의 실천처럼 보인다. 하지만 그 안을 들여다보면 쉽게 말할 수 없는 복잡한 감정과 현실이 존재한다. 사랑과 책임감으로 시작된 돌봄이 시간이 지날수록 피로와 불만으로 변하고, 결국 가족 사이를 갈라놓는 갈등의 불씨가 되기도 한다.

문제는 돌봄이 단지 '누군가의 선의'나 '의무감'으로 해결되는 일이 아니라는 데 있다. 치매나 만성 질환을 앓는 부모를 돌보는 일은 단순한 집안일과 차원이 다르다. 하루하루 반복되는 신체적 돌봄, 예측할 수 없는 정서적 반응, 수면 부족과 심리적 불안은 돌보는 사람의 삶 전체를 잠식한다. 그 부담이 특정 자녀에게 집중될 경우, 돌봄은 사랑이 아니라 고립과 희생이 된다.

많은 가정에서 '돌봄 책임자'가 사실상 한 사람으로 고정되는 구조는 이미 오래된 사회문제다. 막내딸이나 미혼자녀, 경제적·시간적 여유가 있는 자녀에게 책임이 집중되는 일이 흔하다. 처음에는 자발적인 선택이었더라도, 시간이 흐르면 점차 '왜 나만?'이라는 서운함과 분노가 쌓인다. 돌봄은 가족을 하나로 묶는 사랑의 끈이면서도, 동시에 가족을 갈라놓는 갈등의 뇌관이 되기도 한다.

부모 돌봄을 둘러싼 갈등의 핵심에는 '책임 분담'의 문제, 그중에서도 책임의 불균형이 자리한다. 가족 구성원 모두가 마음으로는 부모를 위한다고 말하지만, 실제 행동으로 이어지는 경우는 많지 않다. 현실적인 이유는 다양하다. "아이들 때문에 시간이 없어", "직장 일이 너무 바빠", "멀리 살아서 어쩔 수 없네" 등. 모두 일리가 있는 말이다. 그러나 그것이 돌봄을 특정 사람에게 떠넘기는 이유가 될 수는 없다.

한쪽이 온몸을 다해 버티고 있을 때, 다른 가족들은 멀찍이서 "요양원 보내는 게 낫지 않겠냐"는 말만 던진다. 그 말은 단순한 조언이 아니라, 고통을 혼자 감당하라는 통보로 들린다. 돌봄의 부담이 쏠린 사람은 분노와 죄책감, 무력감 속에서 서서히 무너진다. 이때 가족 간의 대화는 이미 단절되고, 서로에 대한 신뢰마저 흔들린다.

갈등을 해결하기 위해서는 먼저 '돌봄은 가족 모두의 책임'이라는 인식 전환이 필요하다. 한 사람의 희생 위에 세워진 효도는 오래가지 못한다. 돌봄은 한 명의 '의무'가 아니라, 모두의 '역할'이어야 한다.

가족 갈등을 예방하고 해소하기 위해서는 말뿐인 공감이 아니라 구체적인 실행 계획이 필요하다. 다음은 실제로 많은 돌봄 전문가들이 제안하는 실질적 방안을 소개한다.

❶ 역할을 명확히 나누기

돌봄은 단순한 '누가 모실 것인가'의 문제가 아니다. '누가 언제 방문할지', '의료기관 동행은 누가 맡을지', '경제적 부담은 어떻게 분담할지' 등을 구체적으로 정해야 한다. 예를 들어, 큰아들은 병원 예약과 동행을 맡고, 둘째는 식사와 청소를 지원하며, 막내는 주간 돌봄과 정서적 지원을 담당하는 식으로 역할을 나누면 불필요한 감정싸움을 줄일 수 있다.

❷ 정기 가족회의 열기

정기적으로 모여 현재 상황을 공유하고 서로의 부담을 점검하는 시간을 갖는 것이 중요하다. 돌보는 사람의 건강과 감정을 확인하고, 필요한 지원을 논의하는 자리는 필수다. 가족회의는 감정을 폭발시키는 자리가 아니라 '함께 책임지는 자리'여야 한다.

❸ 공적 서비스 적극 활용

모든 부담을 가족이 떠안으려 할 필요는 없다. 주간보호센터, 단기 돌봄 서비스, 방문 요양 등 공공 자원을 적극 활용하면 돌봄의 강도를 크게 줄일 수 있다. 특히 '가족 돌봄 휴가'나 '치매 가족 지원 프로그램' 등 국가 지원 제도를 미리 알아두는 것도 도움이 된다.

❹ 감정 노동의 균형 맞추기

돌봄은 단순히 시간을 내는 문제가 아니라 감정 노동이다. '정서적 돌봄'을 혼자 감당하지 않도록, 가족들이 돌아가며 부모와 시간을 보내고 소통하는 것이 필요하다. 1주일에 한 번이라도 부모를 방문하거나 전화를 걸어 정서적 부담을 나누는 것만으로도 큰 차이를 만든다.

돌봄의 여정은 길고 때로는 잔인하다. 부모가 자식을 알아보지 못하고, 함께했던 기억이 점점 지워져 갈 때 자녀들은 절망한다. 그러나 기억이 사라져도 사랑은 남는다. 부모의 손길 하나, 미소 한 번, 눈빛 한 번 속에도 수십 년의 사랑이 스며 있다. 그리고 그 사랑은 돌봄의 과정 속에서 다시 피어난다.

가족이 함께 책임을 나누고 서로를 이해하려는 노력은 단순히 부모를 위한 일이 아니다. 그것은 가족이라는 관계 자체를 지켜내는 일이다. 갈등을 넘어 연대할 때, 우리는 돌봄의 고통을 함께 감당하고, 그 속에서 더 깊은 사랑을 배운다.

부모 돌봄은 단순한 효도의 문제가 아니다. 그것은 가족이 서로를 바라보는 태도이자, 삶의 마지막 길을 어떻게 동행할 것인가에 대한 질문이다. 갈등을 피할 수 없다면, 해결을 선택해야 한다. 서로의 부담을 이해하고, 책임을 나누며, 제도와 자원을 활용해 현실적 기반을 마련하는 것. 그것이 사랑을 지키는 가장 현실적 방법이다.

기억의 틈새에서 사랑이 피어나듯, 가족의 틈새에서도 연대와 이해는 피어난다. 그리고 그것이야말로 부모가 우리에게 남겨준 마지막 유산이다.

08

기후위기가 돌봄위기

“야! 동신아. 너 또 샀어? 저 아이들이 껌 판 돈 다 뒤에 있는 조직에 들어간다니까. 살 필요 없어”

친구의 말에 동신을 껌을 들여다보며 미소만 지었다
“알아. 그래도 나는 껌을 살 거야. 저 열 명 중 아홉 명이 조직에 속해 있다 할지라도 그 중, 한 명이 진짜 힘든 아이면 어떻게?”
그 말에 친구는 입을 닫았다.

이 기억은 동신의 인생을 지배했다. 그는 결국 사회복지사가 되었고, 지금도 ‘혹시 모를 한 사람’을 위해 땀을 흘리며 현장을 누빈다.

8월의 태양이 중소도시의 낡은 골목 위에 내려앉았다. 동신은 4층 계단을 오르며 땀을 훔쳤다.

“허억....”
문을 열자마자 숨이 막혔다. 뜨거운 공기가 폐속으로 밀려들었다. 방 안은 마치 찜질방 같았다.

"어르신, 선풍기 안 트세요?"

어르신은 미동도 하지 않고 앉아서 부채질 하면서 동신이 묻는 말에 짧게 대답한다.

"전기요금이 많이 나와서... 그냥 참고있어."

동신은 순간 가슴이 서늘해졌다.

침통더위 속에 참음의 끝에는 생명이 위태로울 수도 있었다.

며칠 뒤, 요양보호사에게 전화가 왔다.

"복지사님, 여기서 저 일 못 하겠어요. 36도가 넘고 있는데!

이 집은 에어콘도 없고 선풍기도 고장 났대요. 어르신은 괜찮으실까 걱정이예요. 가만이 앉아 있어도 땀이 비오듯 해요.

숨도 탁탁 막혀 도저히 이 집에서 돌봄 활동을 못하겠어요."

수화기 너머 떨리는 목소리에 동신은 깊은 한숨을 내쉬었다.

어찌 돌보는 대상자 집마다 찜통더위에 무방비 상태에 놓여 있는지 너무 안타까웠다. 거의 수급자에 해당되는 분들이다. 그렇다고 어떻게 그런 상황에서 이들을 돌볼 수 있으며 돌봄 대상자들은 이 더위를 어떻게 지내야 하는지 걱정이 앞섰다.

그는 다심했다. '그래도 이들을 돌볼 방법을 찾아야 한다.'

그는 몇날 고민 끝에 본인이 출석하는 교회 사회봉사부장 장로님을 찾아갔다.

"장로님, 도와주셔야 합니다. 한 어르신이 빌라 옥탑방에 사시는데 찜통더위에 무방비 상태로 고통 속에 있어요. 그 분을 그대로 계시게 하면 위험할 것 같아요."

장로는 눈을 크게 떴다.
"그래요? 우리가 어떻게 도와드려야 하나?
뭐가 필요하지?"
"중고라도 작은 벽걸이 에어컨 하나면 충분할 것 같아요."
"그래요! 그럼 우리가 돕도록 노력해 보죠.. 목사님도 동의하실거예요.."

며칠 뒤, 벽걸이 에어컨이 설치되었고, 어르신의 방에 시원한 바람이 돌았다. 요양보호사도 안도의 숨을 내쉬며 돌봄이 이루어졌다.
돌아오는 길, 동신은 붉게 물든 석양을 바라보았다.

'예전에 없었던 폭염!... 이상기온! 기후위기! 요새 회자되는 말이다. 이제는 이 기후위기가 바로 어려운 분들의 돌봄위기가 될 수 있어!'

지난번 폭우 때, 반지하 어르신이 물에 잠길 뻔한 일이 떠 올랐다. 이상기후가 발생하면서 가장 먼저 흔들리는 건 취약한 삶을 살아가는 사람들이었다.

'기후위기는 제일 먼저 가장 약한 사람들을 덮친다. 제도는 그들을 어디까지 품어 줄 수 있을까?'

석양은 서서히 어둠에 삼켜졌다. 그러나 동신의 마음속에는 새로운 결심의 빛이 타올랐다.

예전에 그 한 아이를 위해 껌을 샀던 젊은 시절처럼 그는 오늘도 단 한 명의 어르신을 위해 힘차게 길을 걷고 있다.

◑ 기후위기가 돌봄위기다.

우리가 흔히 기후위기를 말할 때, 그것은 북극 빙하가 녹는다거나, 태풍이 거세진다거나, 해수면이 상승한다는 거대한 차원의 이야기로만 여겨진다. 그러나 현장에서 복지실천을 하는 사회복지사들의 눈에는 기후위기가 곧바로 돌봄 위기로 전환 된다.

에어컨 하나 없는 방 안, 선풍기조차 아껴야 하는 어르신의 집, 찜통더위로 숨이 막히는 콘크리트 건물 속은 그저 '환경문제' 가 아니라 사람의 존엄을 위협하는 긴급한 사회문제다.

중소도시의 복지사 동신은 이런 현실을 매일 마주한다. 그는 신앙심과 천성적인 배려심을 지닌 인물이다. 젊은 시절 전철 안에서 껌을 파는 소년을 외면하지 못하던 마음이 지금까지 이어져 그는 여전히 '혹시 모를 단 한 사람'을 위해 손을 내민다. 친구들이 '헛된 일'이라 타박할 때 조차 그는 흔들리지 않는다. '열 명 중 아홉이 조직에 속해 있다 해도, 단 한 명의 진짜 어려운 아이를 위해 모두를 돕겠다'는 그의 신념은 오늘날 복지현장에서 '취약층을 위한 원칙 없는 포용'처럼 보일지 모르지만, 사실은 복지의 본질을 되묻는 질문이다.

동신이 만난 80대 독거 어르신의 집은 여름철 '찜질방' 그 자체였다. 선풍기가 있지만 켜지 않는다. 이유는 단순하다. 전기요금이 두렵기 때문이다. 그 앞에서 동신은 깊은 한숨을 내쉰다. 전기요금 몇천 원을 아끼는 동안, 어르신은 생명마저 위협받을 수 있다.

이것은 개인의 절약 정신으로 만 설명할 수 없는 구조적 문제다.
지자체는 긴급 돌봄대상으로 분류하고 요양보호사를 배치한다.
하지만 그조차 오래 버티지 못한다. 숨 막히는 실내, 고장 난 선풍기, 찌는 듯한 열기 속에서 돌봄 제공자는 자기 건강마저 위태로워진다. '돌봄을 제공하는 자의 위기' 또한 기후위기가 낳은 그림자다.
동신은 결국 자신이 출석하는 교회 장로님과 목사님께 도움을 요청했다. 작은 벽걸이 에어컨 하나가 설치되었고, 비로소 돌봄이 가능해졌다. 이 사례는 두 가지 사실을 생각하게 한다.

첫째, 민간의 자발적 연대가 취약계층의 생명을 지탱하고 있다는 점, 둘째, 그러나 이러한 구조는 제도적 지원이 미비하다는 사실을 반증한다는 점이다. 기후위기 속 돌봄 위기를 '시민 선행에만 의존하는 것은 위험하다.' 제도적 장치, 공적 예산, 촘촘한 사회적 안전망의 설계가 선행되어야 한다..

이제는 기후위기를 '환경부의 과제'로만 볼 것이 아니라. 보건복지부와 지방정부의 핵심과제로 인식해야 한다. 다음과 같은 정책보완이 절실하다.

- **냉방시스템 지원정책** : 취약계층 가구에 대한 에어컨 설치 및 전기요금 보조를 제도화 할 필요가 있다.

- **돌봄제공자 안전 가이드라인** : 폭염, 폭우, 한파, 폭설등 기후재난

상황에서 요양보호사와 복지사의 안전을 지킬 수 있는 근무지침과 장비 지원이 있어야 제대로 된 돌봄이 제공될 수 있다.

- **위기 가구 조기발굴 시스템** : 반지하, 옥탑방, 노후주택 거주 취약노인을 실시간 파악하고, 폭염이나. 폭우, 한파, 폭설시 즉각 대응할 수 있는 긴급체계가 시급히 마련되어야 한다.

- **민관 협력 강화** : 지금 제한적으로 운영되고 있는 민관사회복지 협의체가 좀 더 세밀하게 연계성을 갖고 주변 교회, 종교단체, 시민단체와 주기적인 관계와 정보를 공유함으로써 자발적 활동을 유도할 수 있는 공적 시스템이 연계되도록 하는 제도가 보완되어야 한다.

동신 복지사가 석양을 바라보며 품었던 고민은 단순한 개인적 성찰이 아니라 기후위기에 따른 돌봄 대안을 한국 사회 전체가 안아야 할 질문이다.

"기후위기는 돌봄위기다."

우리가 외면 할 수 없는 단 한 명의 어르신, 단 한 명의 아동, 단 한 명의 이웃을 지키기 위해서 제도와 사회는 어디까지 책임질 것인가. 기상변화가 계속 진행되는 상황에서 이제는 답해야 한다.

09

그들을 붙잡는 힘

"여보, 우리 식당 정리하고 다른 일 해 보면 어떨까?"
남편이 조심스럽게 말을 꺼냈다.

아내는 잠시 그 말을 곱씹었다. 요즘 장사가 힘든 건 사실이었다. "나도 고민이 많았어. 그런데 뭘 하면 좋을까?"

남편은 대답하지 못했다. 하지만 아내가 눈을 반짝이며 말을 이었다.
"내가 요양보호사 자격증이 있잖아. 그리고 당신도 지난번에 사회복지사 자격증 땄지?
어르신들을 위한 복지 사업 어때?"

남편은 처음엔 고개를 갸웃했다.
"그건 힘든 일인데. 우린 경험도 없고. 오히려 지금보다 더 어렵지 않을까?"

"우린 신앙이 있잖아요. 소외되고 힘든 어르신들을 섬긴다는 마음으로 시작하면, 힘들어도 보람 있지 않을까요?"
아내의 눈빛은 흔들림이 없었다. 남편은 그 눈빛을 오래 바라보자 고개를 끄덕였다.

“그래, 복지선교 한다는 마음으로 하지. 직접 복음을 전할 수 없어도, 그리스도의 사랑을 비추는 삶을 살 수 는 있을거야.”

작은 사무실을 열고 방문요양센터 간판을 달던 날, 주변 이웃들이 와서 축하해 주었다.

“새로운 시작이내, 잘 되길 바랍니다.”

하지만 설렘은 오래가지 않았다. 돌봄 어르신을 찾는 일은 생각보다 훨씬 어려웠다.

“여보, 오늘도 허탕이네.”

“괜찮아. 우리 한 사람만이라도 제대로 모시면 돼..”

그들은 아침이면 홍보 전단지를 돌리고, 낮이면 어르신 가정을 찾아다녔다. 때로는 문전박대를 당하기도 했다. 그러나 포기하지 않았다.

5개월 만에 첫 네 명의 어르신을 맡게 되었을 때, 부부는 서로를 끌어 안았다.

“여보, 우리가 해냈어. 비록 네 분이지만, 이게 바로 우리가 세운 작은 교회야.”

시간이 흘렀다. 1년이 되자 어르신을 열다섯 명으로 늘었다. 남편은 장부를 보며 한숨을 내쉴 때도 있었지만, 아내가 다독였다.

"당신! 걱정 마요. 돈은 나중 문제예요. 우리가 사람을 잃지 않은 한, 하나님은 길을 열어 주실 거예요."

어느 날, 거동이 불편한 한 어르신이 남편의 손을 꼭 잡고 말했다.
"자네는 내게 자식보다 낫네."

그 순간 남편의 눈가에 눈물이 맺혔다.
"여보, 이 한마디면 충분하지 않아?" 아내도 미소지으며 고개를 끄덕였다.

센터 운영은 여전히 팍팍했다. 재정은 넉넉지 않았고, 요양보호사 구하기도 쉽지 않았다. 때로는 주변에서 이렇게 비아냥거렸다.
"에이, 복지사업은 뭐 아무나 하나. 복지사업이 무슨 선교야. 결국 돈 벌려고 하는 거지."

남편은 마음이 아팠지만, 아내의 말이 힘이 되었다.
"사람들은 몰라도 돼요. 우리가 아는 것, 우리가 믿는 것만 흔들리지 않으면 돼요."

밤늦게 불 꺼진 사무실에서 남편과 아내는 서로의 손을 잡았다.
"여보 쉽지 않지만...그래도 우리가 잘 선택한 것 같지 않아요?
어려우신 분들도 도와 드리고 그분들께 손 발이 되어 준다는 것이 보람있는 일이죠"

"맞아, 복지선교라는 이름으로 섬기며 사는게. 우리 인생의 소명이야."

그들의 이야기는 거창하지 않았다. 그러나 그 속에는 분명히 메시지가 있었다. 돌보는 대상자에게 복음을 전하지 않아도 사랑을 전하는 것이 바로 선교의 의미가 담겨 있기 때문이다.

◑ 돈을 넘어 사람을 향한다.

복지사업을 준비하는 사람에게 가장 먼저 던져야 할 질문은 "무엇을 할 것인가?"가 아니라 "왜 하는가?"이다.

어떤 이는 은퇴 후의 새로운 직업으로, 또 어떤 이는 안정적인 수익 모델로 복지를 선택한다. 그러나 이러한 동기만으로는 결코 오래가지 못한다. 왜냐하면, 복지사업은 수익을 창출하는 산업이 아니라, 사람의 존엄을 다루는 일이기 때문이다.

'왜'라는 질문의 무게는 생각보다 깊다. 그 속에는 "나는 누구를 위해 이 일을 하는가?", "내가 이 일을 통해 이루려는 궁극적인 가치는 무엇인가?"라는 성찰이 숨어 있다. 이 질문에 진심으로 답하지 못하면, 복지는 단지 '사업'일 뿐이며 그 이상이 되지 못한다.

복지사업의 본질은 사람의 삶에 개입하는 일이다. 그것은 누군가의 식탁 위에 밥을 올려놓는 것에서부터, 고독한 하루를 누군가와 나누는 것까지 다양한 형태를 가진다. 그러나 여기서 중요한 것은 무엇을 하느냐가 아니라 왜 하느냐이다. 이익이 목적이라면, 대상자는 단순한 '고객'으로 전락한다. 그러나 사명이 목적이라면, 대상자는 함께 걸어가야 할 이웃이 된다.

철학자 임마누엘 칸트(Immanuel Kant)는 "인간을 결코 수단이 아닌 목적 그 자체로 대하라"고 했다. 복지사업은 이 명제를 실천하는 장이다. 이익을 위해 사람을 수단화하는 순간, 복지는 본래의 의미를 잃는다. 반대로 사람을 목적으로 대할 때, 복지는 단순한 서비스가 아닌 삶의 동반자 관계로 승화된다.

현장에서 복지사업은 생각보다 훨씬 더 어렵다. 대상자의 욕구는 다양하고, 행정 절차는 복잡하며, 재정 압박도 끊이지 않는다.

이런 현실에서 사업을 지탱하는 힘은 '돈'이 아니다. 사명감이다.

사명감은 단순한 열정이나 선한 의지와는 다르다. 그것은 외부 환경이 어떠하든 흔들리지 않는 내면의 '왜'에서 비롯된다. 한나 아렌트(Hannah Arendt)가 말했듯, 인간은 "활동을 통해 스스로를 드러내는 존재"라고 했다. 복지사업자는 바로 그 활동 속에서 자기 존재를 증명한다.

사명감이 있는 기관은 위기 앞에서도 무너지지 않는다. 한 명의 어르신이 늘지 않아도, 한 순간의 결과에 일희일비하지 않는다. 왜냐하면 그들의 목표는 '수익의 증대'가 아니라, 존엄의 실현이기 때문이다.

복지사업의 목적을 다시 생각해 보자. 그것은 국가 보조금을 받기 위한 행정 절차가 아니다. 시장에서 살아남기 위한 경쟁 전략도 아니다. 복지는 근본적으로 윤리적 선택이다. 그 선택은 때로는 손해처럼 보일 수도 있다. 그러나 그 윤리적 결단이 모여 사회를 더 따뜻하게 만들고, 결국 우리 모두의 삶을 지탱한다.

복지사업은 이제 단순히 행정과 서비스의 차원을 넘어 사회적 가치의 창출이라는 더 큰 의미를 지닌다. 경제는 물질을 풍요롭게 하지만, 복지는 관계를 풍요롭게 한다. 산업은 도시를 성장시키지만, 복지는 인간을 성장시킨다. 따라서 복지사업의 목적은 명확하다. 사람을 돕는 것이 아니라, 사람과 함께 살아가는 것. 그것이 진정한 복지의 철학이자, 존재 이유다.

3부

불편한 진실속에 새로운 만남

01

씁쓸한 제본

가게 문을4 열고 들어서는 순간, 종이냄새가 확 올라왔다.
오래된 인쇄소 특유의 잉크와 먼지가 섞인 냄새

오늘은 기다리던 제본이 나오는 날이다.
며칠 전, 나는 원고 파일을 건네며 이렇게 부탁했다.
"제본 규격, 글자 크기 등의 세부조정은 알아서 해주세요. 전문가시니까요."
그 한마디에 믿음이 담겨 있었다.

그리고 오늘 인쇄소를 찾았다.
"안녕하세요? 지난 번에 맡겼던 제본을 찾으러 왔습니다."
직원은 알아보더니 서랍 속에서 제본 인쇄물을 꺼내 내 앞에 놓았다.
"아, 예. 여기 있습니다."

두 손으로 책을 받는 순간, 이상한 예감이 스쳤다. 표지를 본 순간, 그 예감은 확신으로 변했다.
글자 크기가 제 멋대로였다. 어떤 글자는 커서 눈에 거슬렸고. 어떤 건 작아서 잘 읽히지도 않았다.

배열은 삐뚤게 흩어져, 한 권의 책이라기보다 실험용 인쇄물 같았다. 손끝이 굳었다. 심장이 서서히 차가워졌다.

"이게, 왜 이렇게 됐죠?"
나도 모르게 목소리가 낮게 깔렸다.

직원은 대수롭지 않게 말했다.
"원본대로 한 건 대요. 원본이 그래요. 그대로 한 것입니다."
"PDF로 변환하면 글자가 좀 작아지긴 해요."

순간 웃음이 나올 뻔했다. 그런데 그 웃음은 비웃음이었다.
그게 전부라면, 그들이 '전문가' 라는 간판은 장식품에 불과했다.
변환하면 문제가 생긴다는 걸 알았다면
수정하고 보완하는 게 당연한 거 아닌가.
아니면 전화해서 나와 상의를 해야 하는 게 아닌가

내 시선은 표지에서 페이지로 옮겨졌다. 글자가 상단으로 몰렸다.
직원은 책을 뒤적이며 덧 붙였다.

"하단을 조금만 잘라내면 균형이 맞을 거예요."
"그럼 그렇게 해 주세요."
"40매 전부 수 작업 해야하는데...작업이 힘들어요..."

이 말을 듣는 순간, 이 사람이 지금 무슨 이야기를 하는 건가.
균형을 맞혀 달라면 별도의 비용이 또 들어간다는 것을 비추는 건가.
확 짜증이 났다.

순간 속에서 무언가가 '뚝' 하고 끊어졌다.
돈은 받을 거면서, 일은 하기 싫다는 건가.
나는 책을 덮었다. 잉크 냄새가 더 역하게 코를 찔렀다.

"나 이런 불량품 인수 못 해요."
그 말이 공중에 맴 돌았지만, 직원은 별 반응이 없어 보인다.

잠시 머뭇거리다. 결국 제본 값을 지불했다.
계산대 너머에서 들려온 마지막 인사
"안녕히 가세요."

그 말이 내 귀에선 이상하게 비릿하게 들렸다.

가게 문을 나서는 순간 손에 든 책이 납덩이처럼 무겁게 느껴졌다.
종이 무게가 아니라 속이 쓰렸다.
길가에 바람이 불었지만, 씁쓸함은 털어낼 수 없었다.
나는 그날, 제본 한 권을 산 것이 아니라 '신뢰'를 잃는 경험을 산 것이다.

맡기고 보응하는 상생의 철학

우리가 '고객'이라고 부르는 사람은 단순히 지갑을 연 소비자가 아니다. 그는 우리의 상품과 서비스를 믿고 맡겨 준 '동반자'이며, 우리가 더 나은 존재가 되도록 이끌어 주는 '거울'이다. 그러나 안타깝게도 오늘날 많은 비즈니스 현장에서 이 본질이 잊히고 있다. 서비스 제공자는 결과물만 전달하면 끝이라고 생각하고, 고객은 돈을 냈으니 무조건 만족해야 한다고 여긴다. 그 사이에서 신뢰는 사라지고, 관계는 피상적으로 변한다.

비즈니스의 본질은 '주고받음'이다. 고객은 자신의 시간과 자원, 기대를 '맡기고', 제공자는 전문성과 정성을 '보응한다.' 이 상호작용이 제대로 이루어질 때 비로소 상생(相生)의 선순환이 시작된다.

맡기는 쪽은 단순히 상품을 사는 것이 아니라, 상대를 신뢰하고 가능성을 인정하는 행위다. 그리고 보응하는 쪽은 단순히 물건이나 서비스를 제공하는 것이 아니라, 그 믿음에 응답하는 책임을 지는 것이다.

이 철학은 오래된 동양사상에서도 반복된다. 『중용』에서는 "성실(誠實)은 만물을 낳는다"고 했다. 진정한 성실함은 상대를 존중하고, 맡겨진 기대를 외면하지 않는 데서 비롯된다. 서양 윤리학에서도 비슷한 맥락을 찾아볼 수 있다. 칸트는 인간을 '수단이 아닌 목적으로 대하라'고 했다. 고객을 단순한 수입원으로 보는 순간, 서비스는 본질을 잃는다.

제본을 맡긴 한 사건을 떠올려보자. 결과물은 엉성했고, 고객이 문제를 지적하자 "원본이 그렇다"는 무책임한 대답이 돌아왔다. 표면적으로는 작은 사건일 수 있다. 그러나 이 안에는 중요한 질문이 숨어 있다.

"나는 지금 고객을 한 사람으로 대하고 있는가?"

고객은 단지 돈을 낸 존재가 아니다. 그는 자신의 생각, 노력, 시간을 투자하여 누군가에게 '믿음'을 맡긴 사람이다. 그 믿음을 저버리는 행위는 단순한 실수가 아니라 신뢰를 배반하는 행위다. 그 순간부터 거래는 '교환'이 아니라 '배신'으로 변한다.

현대 사회에서 비즈니스는 점점 더 자동화되고 효율 중심으로 변해가고 있다. 그러나 그럴수록 더 절실한 것은 '인간적 감각'이다. 기술은 사람을 대신할 수 있어도, 상대를 향한 존중과 책임만큼은 대체할 수 없다. 고객을 사람으로 대하지 않는 비즈니스는 오래가지 못한다. 언젠가는 더 따뜻하고 성실한 곳으로 발길이 옮겨지기 때문이다.

비즈니스는 결국 '사람의 일'이다. 고객이 맡기고, 제공자가 보응하며, 서로의 신뢰 위에서 성장하는 과정이다. 그 안에는 윤리가 있고, 책임이 있으며, 인간다움이 있다.

우리가 다시 기억해야 할 것은 이 단순한 진리다. 고객을 '거래 대상'으로 보는 순간 신뢰는 무너지고, 관계는 사라진다. 그러나 고객을 '소중한 사람'으로 존중하는 순간, 비즈니스는 단순한 교환을 넘어 공생(共生)의 장으로 변한다.

오늘 우리의 서비스 현장에서 필요한 것은 더 빠른 기술이나 더 큰 이윤이 아니다. 그것은 한 사람을 사람답게 대하는 태도, 그리고 맡겨진 신뢰에 성실히 보답하는 품격이다.

그때 비로소 '주고받음'은 소비를 넘어, 서로를 성장시키는 아름다운 윤리가 된다.

02

허물지 못한 벽

지역아동센터를을 운영하는 센터장은 오래전부터 두 공간을 합쳐야겠다고 생각했었다. 아이들이 좁은 공간에 활동하는 것이 숨이 막힌 듯 지내는 것을 보면서, 그는 늘 미안한 마음이 들었다.

그래서 결심했다.

'벽을 허물자 더 넓은 공간을 만들어 주자.'

마침 친분이 있는 분이 운영하는 업체가 있었다. 믿음이 갔다. 오랜 인연이 있으니 의심할 이유가 없었다.

"350만원이면 됩니다." 처음 제시 받은 견적은 그 정도였다.

그러나 공사 일정은 업체 사정으로 밀리고 밀려 결국 넉 달을 기다려야 했다.

드디어 공사가 시작되었다. 토요일 저녁 건물은 귀가 찢어질 듯 요란했다. 아래층 식당사장이 헐레벌떡 뛰어 올라왔다.

"이봐요! 센터장님! 이게 무슨 일이예요?

장사 망치게 하실 겁니까? 공사를 하시려면 최소한 양해라도 구하셨어야죠?"

식당사장은 벌겋게 상기되어 있었다.
토요일 주말 저녁은 상가 아래층에는 대목이나 만찬 가지이기 때문이다. 그런데 공사소음이 너무 심하다 보니 손님이 들어왔다 나가는 것이다.

센터장은 허둥지둥 음료수를 사 들고 내려가 연신 고개를 떨구면서
"죄송합니다. 정말 죄송해요. 뭔가 서로 착각이 있었던 것 같아요."
센터는 업체가 주민의 동의를 구했을 거라 생각했다.
그 작은 오해는 식당의 하루 장사를 무너뜨렸고 센터장의 마음을 더욱 무겁게 했다.

밤늦도록 이어지는 공사는 공사량의 절반 정도 진행되었다.
"내일 마저 마무리 하겠습니다." 업체는 그렇게 말하고 철수했다.
센터장은 안도하며 귀가 했다.

그런데 다음 날 일요일이다. 결혼식장에서 날아든 문자가 그를 얼어붙게 했다.
"추가비용이 발생해서 총 750만원입니다."
순간 그는 휴대폰을 내려 보다가 작게 중얼거렸다.
"너무 비싸네." "벽 한쪽면 절반만 허무는데 750만원.."
그리고 서둘러 답장을 보냈다.
"너무 비싸네요. 일단 제가 가서 확인 후 결정하겠습니다..'

그녀는 큰 의미 없이 쓴 말이었지만 그 짧은 문장은 업체에겐 비수처럼 꽂혔던 것이다. 그것을 불신으로 해석했다.

센터장은 결혼식과 피로연 모임을 마치고 센터로 돌아왔다. 그녀는 경

악하고 말았다. 공사현장은 텅 비워 있었고, 사람 하나 남아 있지 않았다. 부서진 벽 마무리도 안 된 상태에 휑한 모습으로 남아 있었다.

센터장을 서둘러 업체 사장에게 전화를 걸었다.

돌아온 답은 이랬다.

" 오신다고 하길래 기다리다 아무 연락이 없어서 저희보다 더 비용이 저렴한 업체를 알아보는 줄 알고 철수했습니다. "

황당한 답변만 들었다.

'싼 곳을 알아 보다니..그리고. 철수 했다니...'

결혼식장 간다고 이야기 했는데 식장에 간 것을 뻔히 알면서 끝나고 가는데...벌써

이해되지 않은 답변을 듣고 센터장은 놀라움을 금치 못했다.

"그럼 전화를 주셔야지요. 저는 지금 공사하고 있을 줄 알았어요. 철수했을 줄 전혀 몰랐습니다. 오늘까지 공사한다고 해서..."

센터장의 목소리는 떨렸다.

그러나 업체는 냉정했다. 침묵, 그리고 차갑게 식어버린 답변

"저희는 오후에 다른 일정이 있어 다시 공사하기가 어렵습니다. 너무 늦게 연락을 주셔서요. 지금 상황에서는 센터에서 더 저렴한 곳을 알아 보는 것이 좋겠습니다."

밤이 깊었다. 공사현장은 미완의 모습으로 남아 있고 센터장은 의자에 주저앉았다. 그는 속으로 생각했다.

내가 '너무 비싸네요.. 라고 보낸 메시지가 화근이었을까? 내가 말을 실수 했나?' 되새겨 보았다.

사실은 잘 모르니까 현장에 와서 설명을 듣고 확인하려 했을 뿐인데.. 왜 이렇게 꼬여 버렸을까?' 자신이 오해의 말을 비춘 것을 후회하고 있었다.

그는 위를 올려 보았다. 천장에는 여전히 마감되지 않은 철거 흔적이 남아 있었다. 그 흔적은 마치 인간관계의 상처 같았다.

'콘크리트벽은 망치로 무너뜨리면 된다.'
하지만 사람의 마음의 벽은 말 한마디로 세워지고 침묵으로 더 단단해진다.

그 순간 그는 알게 되었다. 오늘 허물지 못한 벽이 콘크리트 벽이 아니라 사람 사이에 신뢰의 벽이라는 사실을

다음날 센터에 아이들이 들어올 것이다.
그는 미완의 공간을 바라보며 깊은 한 숨을 쉬었다.
'벽은 허물려 했지만 정작 내 앞에 남은 건 더 높아진 마음의 벽이구나.'

◑ 벽보다 무거운 것은 말 한마디, 그리고 책임의 부재

얼마 전 지역 아동센터에서 두 공간을 합치기 위한 벽 철거공사가 있었다. 센터장은 오랜 인연이 있는 업체에 믿고 맡겼다. 주말 저녁, 공사 소음으로 아래층 음식점에서 항의가 들어왔다.

센터장은 업체가 미리 양해를 구했을 것이라 믿었고, 업체는 센터가 처리했을 것이라 여겼다. 그 작은 착오 하나가 이미 불편한 그림자를 드리우고 있었다.

그런데 다음 날 결혼식장 참석 중, 센터장에게 업체로부터 "공사비가 750만 원으로 상향된다"는 문자가 도착했다.

센터장은 바쁜 중에 "너무 비싸네요. 확인 후 결정하겠습니다."라고 답했다. 그 짧은 문장이 문제였다. 업체는 자신들의 노력을 의심받았다고 느꼈고, 다음 연락 없이 현장을 철수했다. 센터장이 현장에 도착했을 때는, 미완의 벽과 먼지뿐이었다.

이 사건은 흔히 "말 한마디로 관계가 무너진다"는 교훈으로만 요약되기 쉽다. 그러나 더 근본적인 문제는 책임의 단절이다. 아무리 오해가 있었다 해도, 업체가 작업을 중단하고 아무런 통보 없이 철수한 것은 명백한 책임의 회피다. 관계에는 절차와 예의가 있다.

상대의 확인이 늦었다면 재촉을 하거나 설명을 추가하는 것이 성숙한 대응이었다. "결정이 늦어 철수합니다."라는 짧은 문자 한 줄이 아니라, "현장 상황이 이러하니 오늘은 마무리 어렵습니다. 일정 다시 상의드리겠습니다."라는 말 한마디가 있었다면 신뢰는 지켜졌을 것이다. 책임을 다한다는 것은 단순히 계약을 이행하는 차원을 넘어선다. 그것은 상대를 존중하는 마음의 표현이다. 소통의 공백 속에서 책임이 사라질 때, 일은 끝나지 않은 채 관계만 끝나버린다.

언어는 사람과 사람을 잇는 다리다. 그러나 다리만 세워서는 건물이 설 수 없다. 책임이라는 기둥이 함께 있어야 한다. 센터장의 짧은 메시지는 다리

위의 균열이었지만, 업체의 일방적 철수는 기둥을 뽑아버린 것이었다. 하나는 감정의 오해였고, 다른 하나는 행동의 부재였다. 둘 다 합쳐져 신뢰는 무너졌다. 우리 사회의 많은 갈등이 바로 이런 구조를 가진다. 말의 오해와 책임의 회피가 동시에 일어나면, 그 관계는 버텨내기 어렵다. 이때 필요한 것은 서로의 입장을 조금 더 헤아리고, 상대의 말을 "내가 듣고 싶은 방식"이 아니라 "그 사람이 전하려는 방식"으로 이해하려는 태도다.

센터장은 아동들을 위한 공간을 만들려 했고, 업체는 성실히 공사를 해내려 했다. 둘 다 좋은 뜻에서 출발했다. 그러나 소통의 실패와 책임의 단절이 그 뜻을 가로막았다. 만약 센터가 상대의 수고를 조금 더 인정하는 언어를 썼더라면, 만약 업체가 일정의 압박 속에서도 한 번 더 설명하고 기다려주었다면, 결과는 달라졌을 것이다.

결국 이 사건은 '누가 더 잘못했는가'의 문제가 아니라'서로가 서로에게 얼마나 배려했는가'의 문제다.

모두가 서로에게 소중한 존재라는 사실을 잊지 않는다면,언어의 실수나 일정의 혼선이 있더라도 관계는 충분히 회복될 수 있다.

신뢰는 완벽한 언어가 아니라, 상대를 향한 진심과 책임감으로 유지된다.

그날 철거되지 못한 벽은 콘크리트가 아니라, 사람 마음 속의 벽이었다. 말의 오해가 그 벽을 세웠고, 책임의 부재가 그것을 더 단단하게 굳혔다. 벽을 허무는 일보다 어려운 것은, 오해와 무심으로 세워진 마음의 벽을 허무는 일이다.

하지만 그 벽 역시 대화와 이해, 그리고 책임의 실천으로 허물 수 있다. 말은 다리가 되고, 책임은 기둥이 된다. 다리를 세우되 기둥을 잃지 말자. 그럴 때만이 관계는 무너지지 않는다.

03

하루전의 통보

아침 8시, 박 어르신의 작은 방엔 전자레인지 "띵" 소리가 울렸다.
"어제 남은 죽… 오늘도 먹어야지."
그녀는 천천히 죽 그릇을 꺼내다, 무릎이 시큰거려 잠시 주저앉았다.

지난주부터 김 선생이 와서 밥도 해 주고, 빨래도 도와주고, 목욕도 시켜줬다.
혼자였던 날들에 비하면, 참 고마운 한 주였다.

그 시각, 복지센터 사무실이다.

센터장은 서류를 정리하다가 김 선생의 전화를 받았다.
"센터장님, 잠시 말씀 드릴게 있는데요"
"네, 말씀하세요."
"다름 아니고, 저~.저..내일부터 그만두려고 합니다."

순간, 사무실에는 시계초침이 크게 들리는 듯한 정적이 흘렀다.
"내일부터요? 무슨 일이 있으신가요?"

"아, 예 다른데서 일 제안을 받아서요. 급하게 연락이 와서 …
더 좋은 조건이라~~." 김 선생은 미안한 듯이 끝말을 잇지 못하고 말을 흐린다.

센터장의 손이 서류 위에 굳었다.
'박 어르신은 주 5일 돌봄이 필요한데…갑자기 그만두면 내일부터 누가! 누가 돌본다 말인가?'
마음속에서 불안이 빠르게 번져갔다.

"김 선생님! 최소한 대체인력을 구할 수 있는 시간은 주셔야 되는데.. 오늘 갑자기 말씀하시면 정말 곤란해요."
"저도 갑자기 연락을 받은거라…거기도 급하다고 해서..
어쩔수 없어요. 미안해요…"
그 말은 김 선생의 입에서 너무 쉽게 흘러나왔다.

그날 오후, 김 선생은 집으로 돌아오는 버스 안에서 창밖을 내다보았다. 사실 다른 일자리 얘기는 며칠 전부터 들어온 것이었다.
시급이 더 높고, 근무지도 집에서 가까웠다.
남편은 이미 퇴직했고, 둘째 아들이 대학원에 진학하느라 등록금이 부담스러웠다.
그리고
"나도 이제 조금 편하게 일해야지…"

그렇게 마음을 굳히고 나니, 그동안 돌봐 드리던 박 어르신의 얼굴이 떠올라 살짝 마음이 쓰였다.
"그래도 센터에서 어련히 알아서 다른 분을 보내겠지.. 하루 이틀 비는 건 괜찮을 거야.."

스스로 위안을 주었지만, 그 '하루 이틀'이 얼마나 큰 공백인지 그 는 아직 몰랐다.

저녁 무렵, 센터장은 박 어르신에게 전화를 걸었다.

"어르신, 내일부터는 다른 선생님이 오실 거예요. 오늘 오신 김 선생님이 그만두시겠다고 하네요."

"그래요? 갑자기 왜요?

지난주엔 잘 하겠다고 했는데."

어르신의 목소리가 작아졌다.

전화기 너머로 전해지는 그 허탈함을 센터장의 가슴에 깊게 남았다.

전화를 끊은 뒤, 센터장은 서둘러 대체인력명단을 뒤져보기 시작했다. 그러나 다른 요양보호사들도 대부분 이미 배정이 끝난 상태였다.

"내일 아침까지 못 구하면, 어르신은 하루 종일 식사도 못 하시고
화장실 이동도 어려우실텐데.."

복지센터의 하루는 때로 생명처럼 중요한 '틈'을 메우는 일이었다. 그 틈이 무너지는 건, 누군가의 하루가 무너지는 것과 같았다.

그날 밤 김 선생도 잠자리에 뒤척였다.

'내가 조금 더 미리 얘기했을 걸 그랬나?.... 어르신이 서운해 하셨을까? 그래도 내 사정도 있는데.... 다들 이해하겠지'

그녀는 자신을 변호하는 생각과 미묘한 죄책감이 번갈아 가며 밀려왔다.

한편 박 어르신은 빈 부엌을 바라보다가 불 꺼진 거실에 혼자 앉았다.
“이번엔 또 어떤 분이 올라나.”

그녀의 목소리는 스스로 다독이는 것 같으면서도 언제나처럼 익숙한 고독 속으로 스며들고 있었다.

복지의 현장은 누군가의 하루를 책임지는 자리다.
떠날 수도 있고, 다른 길을 선택할 수도 있다. 그러나 그 순간조차 ‘다른 사람의 하루’를 무너뜨리지 않기 위해,
조금 더 미리, 조금 더, 배려하며 떠나는 것이 최소한의 예의다.

그 예의가 지켜지지 않으면, 복지라는 이름 아래 쌓인 신뢰는 한순간에 흔들린다.

◑ 복지의 자리, 책임과 예의는 기본이다.

최근 한 복지센터에서 벌어진 일이다. 한 요양보호사가 어르신 한 분을 돌보기로 하고, 일주일 전부터 정성껏 케어를 시작했다. 어르신은 거동이 불편한 고령의 여성으로, 주 5일 돌봄이 필수인 분이다.

하지만 갑작스럽게 상황이 뒤바뀌었다. 요양보호사는 예고도 없이 복지센터에 전화를 걸어 다음 날부터 출근하지 않겠다고 통보했던 것이다. 이유는 다른 일자리를 구했다는 것, 일방적인 통보, 그것도 하루 전이라는 말에 센터는 당황할 수밖에 없었다. 무엇보다도 ‘내일’부터 그 어르신

을 누가 케어할 것인가가 가장 큰 문제였던 것이다.

사회복지의 현장은 단지 일터 그 이상이다. 우리는 사람을 돌보고, 그들의 삶을 지지하는 일을 한다. 특히 요양보호사의 일은 단순한 직무가 아니라 돌봄과 인간적인 연대, 책임이 수반되는 중요한 역할이다. 물론 개인의 선택은 존중되어야 하고, 더 나은 일자리를 찾아가는 것은 비난할 일이 아니다. 그러나 그 결정의 방식과 과정에는 '배려'와 '예의'가 반드시 필요하다.

최소한 센터가 대체 인력을 찾을 수 있는 시간적 여유를 줬다면, 최소한 돌봄의 연속성이 무너지지 않도록 도왔다면, 이 일은 이렇게 당황스럽고 무책임한 사례로 남지 않았을 것이다. 이처럼 돌봄의 자리를 가볍게 여긴다면, 사회복지라는 이름 아래 어떤 신뢰도 쌓일 수 없다.

복지현장에서 일하는 이들은 '누군가의 하루'를 책임지는 사람들이다. 그 하루의 무게를 알고, 그 하루가 무너지지 않도록 함께하는 것이 그들의 기본 태도이다. 자신의 선택이 다른 사람의 삶에 어떤 영향을 미치는지 돌아보고, '함께 살아가는 사회'의 의미를 되새기는 자세가 필요하다.

복지는 '사람을 돌보는 일'이다. 그리고 그 시작은 '책임'과 '예의'에 있다. 우리는 그 기본을 잊지 말아야 한다.

04

첫 날의 상처

폭염경보가 내려진 여름날이다. 민정은 한동안 쉬었던 방문요양 일을 다시 시작했다.

걸어서 15분 남짓 거리다. 땀방울이 등줄기를 타고 내려갔지만 마음은 가벼웠다.

'다시 시작이야.. 이번 엔 더, 잘해보자..'

아파트에 도착해 초인종을 눌렀다.

"누구세요?"

젊은 여성의 목소리다. 어르신이 혼자 계신다고 들었는데....

문이 열리고 거실로 들어서자. 안방에 앉아 있는 할머니가 보였다. 머리는 부스스했고 표정은 기운이 없어 보였다.

민정은 환하게 웃으며 인사했다.

"어르신! 안녕하세요?"

"제가 잘 돌 봐 드릴께요."

그러나 민정에게 돌아온 건 형식적인 고개 끄덕임뿐이다..

"여기요"

주방 쪽에서 목소리가 날아왔다.. 딸인 듯했다.

"오늘은 주방청소 좀 해 주시고요, 빨래는 저기 있어요.

그리고, 엄마가 화장실 갈 때 신경좀 써 주세요."

차갑고 명령조였다.

부를 때, '요양보호사님' 도 아니고 '여기요'라는 호칭도 어색했고 별로 기분이 안 좋았는데 인사도 건성으로 받고 말투엔 전혀 배려가 없었다.

어르신께 점심준비 하려는데, 또 다른 지시가 이어졌다.

"된장찌개 준비 좀 해 주세요. 재료는 주방에 다 있어요. 나중엔 베란다에 있는 잡동사니도 다 버려 주세요, 거실 바닥에 있는 테이프 자국도 깨끗이 닦아 주세요."

마치 집주인이 하인에게 일거리를 나열하듯 열거했다.

요양보호사에게 부탁이 아닌 '명령'이었다.

민정의 마음속에 불편함이 스며들었다.

새롭게 시작하겠다는 다짐이 서서히 흐려져 가고 있었다.

점심 무렵, 딸은 문 밖으로 나가며 말했다.

"저기요 저 갈테니 엄마 신경 써 주세요."

차가운 어조가 문틈 사이로 흘러 나왔다.

민정은 문이 닫히는 순간, 자신이 '사람' 인지 아니면 이 집안의청소일을 하러 온 '손' 인지 스스로에게 묻고 있었다.

돌봄은 '손' 만 움직인다고 되는 것이 아니다.

마음과 마음이 만나야 하는 일이다. 그러나 오늘 만난 딸의 태도는 그 마음의 문을 굳게 닫게 해 버렸다.

민정은 속으로 다짐했다

돌봄은 마음과 마음을 잇는 다리다.

'돌봄을 받는 사람도 돌 보는 사람도 똑같이 존중 받아야 해... 그렇지 않으면 돌봄의 일은. 오래 갈 수가 없어....'

창 밖의 햇빛은 여전히 뜨거웠다. 하지만 그녀의 마음속엔 찬 바람이 불고 있었다.

◑ 돌봄의 존엄

35도를 넘는 무더위 속에서 한 요양보호사가 다시 일을 시작한 이야기다. 새롭게 배정된 가정으로 향하는 그의 발걸음에는 설렘과 기대가 담겨 있었다. 하지만 현관문 너머에서 마주한 현실은 달랐다. 어르신보다 먼저 나온 딸은 인사 대신 명령을 내렸다. "청소 좀 해 주시고, 빨래는 저기 있습니다. 베란다 잡동사니도 다 정리해주세요." 부탁이 아니라 지시였고, 존중은 보이지 않았다.

돌봄 현장에서 흔히 볼 수 있는 장면이다. 돌봄은 인간적 만남이어야 하지만, 여전히 많은 경우 '서비스 노동'으로만 취급된다. 이러한 상황에서 가장 먼저 상처받는 것은 '돌보는 사람의 존엄'이다.

돌봄 영역에서는 흔히 "돌봄을 받는 자의 존엄"을 강조한다. 이는 분명 중요한 가치다. 그러나 그만큼 중요한 것이 "돌봄을 제공하는 자의 존엄"이다. 존엄은 어느 한쪽의 권리가 아니라 상호적인 책임이기 때문이다.

철학자 임마누엘 칸트 (Immanuel Kant)는 인간을 "수단이 아닌 목적으로 대하라"고 강조했다. 돌봄도 마찬가지다. 요양보호사를 단순히 '고용된 손'으로 본다면, 그는 수단일 뿐이다. 그러나 그를 한 사람의 인간, 동행자로 대할 때, 돌봄은 인간적 목적을 향한 행위가 된다.

만약 돌봄이 존엄을 잃고 노동으로만 전락한다면 어떤 일이 벌어질까?

첫째, 요양보호사는 쉽게 지치고 상처받는다.
둘째, 돌봄의 질은 낮아진다.
셋째, 결국 피해는 돌봄을 받는 어르신에게 돌아간다.
여기서 중요한 것은 돌봄이 단순히 '집안일 대행 서비스'가 아니라는 점이다. 돌봄은 타인의 삶 속으로 들어가 함께 인간의 시간을 나누는 행위다. 청소와 식사 준비도 결국 '삶의 질'을 높이는 과정이지, 단순한 기능 수행이 아니다. 존중이 빠진 순간, 이 행위들은 따뜻함을 잃고 냉랭한 거래로 변한다.

사회학자 피에르 부르디외(Pierre Bourdieu)는 "신뢰와 존중을 사회적 자본"이라고 불렀다. 사회적 자본은 공동체를 지탱하는 눈에 보이지 않는 자원이다. 돌봄 현장에서 존중이 사라지면 이 자본은 무너진다. 신뢰가 깨진 관계에서는 갈등이 잦아지고, 결국 돌봄의 지속성도 보장되지 않는다.

반대로 존중이 살아 있는 돌봄 관계는 서로에게 힘이 된다. 요양보호사는 일에 보람을 느끼고, 어르신은 더 큰 안정을 누린다. 이 작은 신뢰가 모여 사회적 자본을 키운다. 존중이 단지 '예의' 차원의 문제가 아니라, 사회를 건강하게 만드는 자원임을 잊지 말아야 한다.

그렇다면 어떻게 존엄을 지킬 수 있을까?

❶ 언어와 태도의 변화다. 부탁을 명령처럼 하지 않고, 작은 인사와 감사의 표현을 더하는 것만으로도 관계는 달라진다.

❷ 제도적 지원이다. 돌봄 제공자의 근로환경과 권리를 보장하는 정책이 마련되어야 한다. 존엄은 개인의 태도뿐 아니라 사회적 시스템 속에서도 지켜져야 하기 때문이다.

❸ 문화의 전환이다. 돌봄을 '값을 치르는 노동'이 아니라 '사람과 사람이 만나는 일'로 인식하는 사회적 분위기가 필요하다

돌봄은 우리 모두의 삶과 맞닿아 있다. 오늘은 내가 돌봄을 제공할 수 있고, 내일은 내가 돌봄을 받을 수 있다. 그렇기에 존엄은 어느 한쪽만의 권리가 아니다. 돌봄을 받는 이도, 돌봄을 제공하는 이도, 똑같이 존중받아야 한다.

존중이 빠진 돌봄은 오래가지 못한다. 그것은 결국 상처만 남긴다. 그러나 존엄이 살아 있는 돌봄은 서로의 삶을 풍요롭게 한다. 존엄은 돌봄의 출발점이자 목적지이며, 돌봄을 지속 가능하게 하는 힘이다.

05

침묵대신 목소리를

민정이는 오래전부터 사람을 돕는 일을 하고 싶어 대학에서 사회복지를 전공하며 그는 조금씩 그 꿈을 키워왔다. 장애인 시설, 아동센터, 노인복지시설을 찾아다니며 봉사할 때마다

"아. 나는 이 길이 내 길 이구나"라는 확신이 깊어졌다.

졸업을 앞두고 드디어 현장실습의 시간이 다가왔다.
민정은 설레는 마음으로 노인요양원 문을 열고 들어섰다.
첫날 아침 그녀는 교수님 말씀대로 10분 먼저 도착했다.

"시간 앞에서의 성실함이 곧 복지사의 기본"이라는 말씀이 귓가에 맴돌았다.

그러나 현실은 곧 민정을 당혹스럽게 했다.
"민정학생은 저 방 어르신 전담이예요, 기저귀도 갈아드리고 화장실 가실 때 잘 부축해드려요."

옆의 실습생은 화장실 청소를 맡았다. 그 순간, 민정의 가슴에 작은 균

열이 일어났다.

방에 들어서자 마른 할머니가 누워 있었다.

인사에도 반응 없이 떨리는 손가락으로 하체 쪽을 가리켰다. 기저귀를 확인하는 순간, 민정은 눈앞에 아득해졌다.

식은 땀이 줄줄 흘렀다.

"이게 내가 배워야 할 사회복지사의 일이 맞는 걸까?"

며칠이 지나도 상황은 달라지지지 않았다. 민정은 자괴감에 휩싸였다. 결국, 학교로 달려가 교수님 앞에서 눈물을 떠뜨렸다. 따뜻한 위로와 함께 교수님의 말씀이 돌아왔다.

"민정아 침묵하지 마라. 잘못된 관행은 네가 목소리를 낼 때 비로소 바뀐다."

다음 날, 민정은 용기를 냈다.

"저는 사회복지사 실습생입니다. 사회복지사 업무를 배우고 싶습니다. 지금 제가 하고 있는 업무는 사회복지사의 일이 아니고 요양보호사의 일입니다. 업무를 명확히 구분해 주시고 복지사의 업무를 배울 수 있도록 부탁드립니다."

사회복지사는 놀란 표정으로 민정을 바라보다가 이내 고개를 끄덕였다.

"아.. 미안해요.. 오늘부터는 프로그램실에서 같이 프로그램기획을 같이 해봅시다."

민정은 씁쓸했지만

실습은 단순히 현장을 체험하는 사건이 아니었다. 그것은 사회복지사의 전문가로서 윤리와 철학을 시험받는 자리였다.

침묵 속에서의 배움은 허상에 불과하다. 질문하고, 문제를 제기하고 옳음을 선택할 때 비로서 진짜 배움이 시작된다.

민정의 다짐은 단순한 일기 한 줄로 끝나지 않았다.

"나는 사회복지사가 되어서도 침묵하지 않겠다. 존엄을 지키는 일에 작은 목소리를 내겠다. 그것이 서로를 위하는 길이기에……"

그녀의 눈물은 무력감이 아니라, 앞으로의 길을 비추는 등불이었다.

◑ 지도없는 실습, 존엄없는 교육

사회복지 교육과정에서 현장실습은 핵심적이다. 실습은 단순한 체험이 아니라, 학문과 실제를 연결하는 마지막 교육단계이며, 미래 사회복지사의 전문성과 윤리를 훈련하는 과정이다. 그러나 아직도 일부 실습기관에서는 실습생을 교육대상자로 보기보다 값싼 노동력으로 활용하는 문제가 지속되고 있다.

한 사례를 보자, 노인요양원에 실습을 나간 한 학생은 사회복지사의 프로그램기획, 사례관리, 행정실습을 배우지 못했다. 대신 요양보호사의 전담업무, 즉 기저귀 교체, 신체 부축, 청소들의 일을 맡았다. 다른 실습생 역시 프로그램 참여 기회 없이 화장실 청소를 반복했다. 실습비는 타 기관보다. 높았지만, 교육적 성과는 사실상 전무였다. 이는 사회복지사 양성 교육의 본질과 정면으로 배치된다.

사회복지사의 업무는 상담, 사례관리, 프로그램 운영, 지역사회연계 등 전문적 역할에 있다. 반면 요양보호사의 주요업무는 신체적 돌봄이다. 물론 두 영역은 상호보완적 관계에 있지만, 실습생에게 교육적 지도 없이 신체적 노동을 전가하는 것은 전문성 훈련이 아닌 단순 노동 착취다. 이는 학생의 학습권을 침해하고, 나아가 사회복지 현장의 전문성 저하로 이어질 수 있다.

특히 주목해야 할 것은 실습비 운영방식이다. 실습생들이 납부한 실습비가 기관의 '기타 잡수입'으로 처리되는 경우가 적지 않다. 이렇게 되면 실습 지도에 대한 책임성이 약화 되고, 실습생 교육은 뒷전으로 밀려날 수밖에 없다. 실습비는 단순한 기관수익이 아니라, 실습지도 사회복지사에게 수당으로 지급되어야 한다. 그래야만 지도자가 실습생 교육에 명확한 책임감을 가지고, 시간과 노력을 들여 충실히 지도할 수 있다. 실습생은 '돈을 내고 노동을 제공하는' 모순적 상황에 놓여서는 안 된다.

프랑스 철학자 폴미셸 푸코 (Paul-Michel Foucault)는 권력이 일상 속 규율과 암묵적 질서를 통해 작동한다고 지적했다. 현장실습에서도 "실습생은 시키는 대로 해야 한다."는 묵시적 압력이 존재한다. 이 압력은 학생들로 하여금 문제 제기를 억누르고 잘못된 관행을 묵인하게 만든다. 그러나 교육의 본질은 순응이 아니라 비판적 질문과 성찰에 있다.

실습생이 부당함에 침묵하면, 현장은 개선되지 않는다. 오히려 그 관행은 후배들에게 고스란히 이어진다. 따라서 실습기관은 실습생을 '잡무 인력'으로 보아서는 안 되며 교육파트너로 존중해야 한다.

사회복지는 인간의 존엄을 지키는 학문이자 실천이다. 그러나 실습생조차 존중받지 못하는 현장에서 어르신의 존엄을 지킬 수 있을 까? 실습비가 기관의 잡수입으로 처리되는 현실은 교육의 본질을 외면한 처사다. 실습은 단순 노동의 자리가 아니라 사회복지사로서 윤리와 철학을 체득하는 자리어야 한다. 교육기관과 현장이 이 점을 자각하고 개선할 때, 사회복지사의 미래는 더욱 단단해질 것이다.

06

보험료를 택한 길

박동혁은 퇴직 후 오랫동안 기업에서 간부로 근무했다.

직원들 사이에서 그는 원칙과 책임감이 강한 상사로 알려져 있었다. 하지만 동시에 권위적인 성향이 있기도 했다.

퇴직을 앞두고 그는 나름대로 노후 준비를 철저히 했다.

건물 한채, 땅 몇 필지, 그리고 남들보다 많은 연금

"이제는 좀 쉬면서 살자."

그가 퇴직을 맞으며 스스로에게 한 말 이었다.

하지만 퇴직 후 그에게 찾아온 것은 '여유'보다 '불편'이었다

바로 지역 건강보험료 때문이었다.

"이게 말이 돼? 내가 매달 이만큼을 내야 한다고?"

그는 고지서를 들고 한동안 멍하니 있었다.

평생 성실히 살아온 대가로 안정된 노후를 기대했지만, 보험료가 마음

을 옥죄었다..
지인들과 술자리를 하던 어느 날, 한 친구가 귀띔했다.

"야! 그거 방법이 있어 복지시설이나 센터 기사 같은 자리에 취업해 거기 들어가 직원으로 채용되면 일도 부담되지 않고 직장보험 적용받으니 부담이 덜어질 거야.

마침 데이케어센터 운전기사 모집 공고가 눈에 들어왔다.
박 씨는 주저하지않고 지원서를 냈다. 면접 날, 그는 정장차림으로 센터장을 마주했고 직원으로 채용됐다.

"센터장님, 저를 믿고 맡겨 주셔서 감사합니다. 열심히 하겠습니다."
그의 목소리는 당당했고 표정은 밝았다.

센터장은 고개를 끄덕였다.
"운행은 어르신의 안전이 최우선입니다. 성실히 부탁 드립니다."
"걱정 마십시오, 어르신 안전은 제가 책임지겠습니다."

그의 자신감은 믿음직스러워 보였다. 그러나 면접 막바지,
박 씨는 불필요한 말을 덧 붙였다.

"사실 저는 경제적으로 어렵지 않습니다. 연금도 넉넉하고, 건물 임대료도 받고 있어요, 그러다 보니 건강보험료가 너무 많이 나오는 겁니다. 그래서 겸사겸사 취업하면 직장보험으로 전환되잖아요. 보험료 혜택을 받고 싶은 거죠. 급여는 크게 신경 쓰지 않습니다. 잘 부탁합니다."

센터장은 순간 미묘한 불편함을 느꼈다.
"보험료 때문에 취업..이라."
사회복지 현장은 단순한 일터가 아니다. 그런데 그의 말은 어딘가 가벼워 보였다.

그러나 인력난에 시달리던 센터는 결국 그를 채용했다.

첫 출근 날, 박씨는 운전대를 잡으며 다시금 자신감에 차 있었다.
"운전은 내 전문이지. 기업 다닐 때도 고급 세단 몰고 다녔는데."

차량에 탑승한 어르신들은 조심스레 인사를 건넸다.

"기사님, 잘 부탁해요."
"네, 어르신 안전하게 모시겠습니다."

출발은 순조로웠다. 그러나 작은 균열은 금세 드러났다.

저녁 송영 때다. 동승한 요양보호사가 조심스레 말을 꺼냈다.
"기사님, 보호자님과 약속한 시간이 있어서 조금 서둘러 주시거나 저기 옆길로 가시면 조금 빠른데 .."

박 씨는 미간을 찌푸렸다.
"운전은 제 책임입니다. 제가 알아서 합니다.
안전운전이 우선이예요.."

"그렇긴 한데 보호자님이 많이 기다리실 것 같아서요.."

"아..정말, 운전 신경 쓰게 하지 마세요.."

박 씨는 톤이 높은 목소리가 자기도 모르게 튀어 나왔다.

"......"

차 안은 순식간에 얼어 붙었다.

뒷좌석 어르신들이 박 씨의 큰소리에 놀란 눈빛을 주고 받았다.

며칠 뒤, 상황은 더 심각해졌다.

"기사님 조금만 빨리 가야 해요...손 씨 어르신이 화장실이 급하데요..."

"또, 잔소리 하시네.. 운전은 내가 알아서 한다니까.."

그의 목소리는 점점 커졌다.

"기사님 목소리 좀 낮춰 주세요. 어르신들 계시잖아요..
어르신들이 불안해 하세요.."

"뭐라구요?. 이 아줌마가. 감히..."

그는 큰 소리로 요양보호사를 모욕하는 말을 서슴치 않고 내뱉었다. 순간 어르신들 얼굴은 공포와 불안으로 얼룩졌다.

그날 이후, 요양보호사는 눈가에 눈물을 글썽이며 센터장을 찾아왔다.

"센터장님, 저 이분하고는 같이 못 하겠어요. 무서워서 일을 할 수가 없어요. 무슨 말을 못해요..."

센터장은 갈등에 휘말렸다. 면접 때부터 느꼈던 불안이 현실이 된 것이다. 하지만 그를 내 보내면 당장 차량운행에 공백이 생긴다.

며칠간 고민 끝에 센터장은 결단을 내렸다.

"수습기간까지만 근무하시고 다른 곳을 찾아보시길 바랍니다."

결정은 쉽지 않았다. 그러나 복지현장은 어르신들의 안전과 존엄이 최우선이다.

박동혁은 퇴사권고를 받은 날, 억울하다는 생각을 떨 칠 수가 없었다.

'내가 뭘 잘 못했단 말이야. 난 안전운행을 했을 뿐인데...'

그는 센터장이 있는 사무실 문을 박차듯 열고 들어갔다.

"센터장님, 솔직히 말씀하세요. 제가 어르신들 위험하게 만든 적 있습니까? 없잖아요. 그런데 왜 저보고 그만두라고 하시는 거예요."

센터장은 긴 한숨을 내 쉬었다.

"기사님, 문제는 속도의 빠르고 느림이 아닙니다. 태도의 문제예요. 동승한 요양보호사에게 큰 소리를 내고 어르신들 앞에서 모욕적인 언행을 하셨잖아요."

"아니, 그 아줌마가 자꾸 간섭하니까. 그렇죠! 운전은 제 소관인데 왜 참견을 합니까? 그리고 제가 뭐 틀린 말 했습니까?"

박 씨의 목소리는 점점 높아졌다. 문밖에서 이를 지켜보던 직원들은 눈을 마주치며 고개를 저었다.

그때, 복도 끝에서 어르신 한 분이 천천히 지나가다 멈추어 섰다. 지팡이에 몸을 의지한 채 창문 너머로 들려오는 고성을 들었다.

그분은 고개를 숙이며 한마디했다.

"우린 기사님 같은 큰 목소리만 들어도 가슴이 철렁해.."

센터장은 그 목소리를 들으며 가슴이 털컹 내려 앉았다.

“기사님, 여기 계신 분들은 힘 있고 건강한 젊은이가 아닙니다. 작은 소리에도, 무심한 한 마디에도 크게 상처를 받는 분들이에요.

사회복지 현장은” 내가 옳다.“는 주장보다, 상대를 배려하고 낮추는 태도가 더 중요합니다.”

그러나 박 씨는 끝내 이해하지 못했다.

“저는 제일을 제대로 했습니다. 안전을 지킨 것도 저고, 시간을 관리하는 것도 저입니다. 오히려 저를 몰라주는 게 섭섭하고 억울할 뿐이에요.”

그는 봉투를 꺼내 센터장 책상 위에 놓았다.

“알겠습니다. 그만두겠습니다. 여기 제가 근무한 시간 정확하게 적어놨습니다. 꼼꼼히 계산해서 정산해 주세요...시간 당 얼만지 정확히 해 주셔야 합니다. 저는 손해보지 않을 겁니다. 만약 틀리면 저 가만있지 않겠습니다...”

그 말투는 차갑고 계산적이었다. 한때 기업 간부였던 습관이 남아 있어서 그런가, 그렇다고 기업 간부 출신이 다 그러지는 않다.

하지만 그 냉정함은 사회복지 현장에서 요구되는 온기와는 정반대였다.

센터장은 마지막으로 차분히 말했다.

“기사님 , 복지현장은 장부나 계약으로만 움직이지 않습니다. 이곳은 사람의 마음으로 운영됩니다. 어르신 한 분이 더 안전하고 존중받았다고 느끼는 것, 그게 곧 우리가 지켜야 할 가치입니다."

박 씨는 대꾸하지 않았다. 그는 서류봉투를 챙겨들고 자리에서 벌떡 일어났다.
"알겠습니다. 여기까지 하죠. 하지만 난 끝까지 억울합니다."

그는 문을 닫으며 떠났고 센터 안에는 깊은 정적이 흘렀다. 남겨진 직원들은 씁쓸한 표정을 지으며 서로의 눈빛을 피했다.

그리고 센터장은 조용히 창밖을 바라보며 속으로 다짐했다.
"다시는 소명없는 사람을 채용하지 않겠다. 이곳은 누군가의 보험료를 줄이는 도구가 아니라. 어르신들의 삶을 지켜내는 공간이어야 하니까…."

소명없는 취업이 불러오는 복지현장의 위기

사회복지현장은 단순한 직장이 아니다. 그것은 약자와 소외된 사람들을 존엄과 배려 속에서 돌보는 사명의 공간이다. 다른 산업분야에서는 직무수행능력이나 생산성이 우선일 수 있다.

그러나 복지영역은 사람의 마음과 몸을 다루고, 인간의 존엄과 안전을 책임지는 현장이기에 '태도'와 '소명'이 곧 핵심 역량이다.

그럼에도 불구하고 오늘날 일부 현장에서는 경제적 이유, 제도적 편의

만을 목적으로 취업하는 사례가 늘고 있다. 특히 퇴직 후 지역 건강보험 부담을 줄이기 위해 단순히 직장 가입자 자격을 얻고자 취업하는 경우가 대표적이다. 문제는 이러한 동기가 현장에 들어왔을 때, 서비스 대상자와 동료들에게 예기치 못한 갈등과 불안을 야기한다는 점이다.

박동혁씨는 기업 간부 출신으로 정년퇴직 후 경제적으로 넉넉한 삶을 살고 있었다. 그가 데이케어센터 운전기사로 취업한 직접적인 이유는 다름 아닌 지역 건강보험료 절감이었다.

“센터장님, 저는 급여에 큰 관심 없습니다. 다만 직장가입자가 되면 건강보험료가 크게 줄거든요.”

그는 면접자리에서 솔직하게 이유를 밝혔다. 언뜻 보면 솔직하고 담백한 태도 같지만, 그 말에는 서비스 사명에 대한 진정성 부재가 드러나 있었다. 사회복지사와 관련 자격증을 여러 개 가지고 있었음에도 현장 취업이 어려우니 기사직으로 들어와 보험료 절감을 꾀한 것이다.

문제는 곧 드러났다. 운행 중 요양보호사와 갈등이 발생했고, 어르신들 앞에서 큰 소리를 내며 상대방을 모멸하는 언행을 했다. 서비스 대상자인 어르신들조차 불안해했고, 동료는 “무서워서 더 이상 함께 할 수 없다”고 토로했다. 결국 그는 수습기간을 채우지 못하고 퇴사했다.

막스베버는(Max Weber)는 “직업을 단순히 생계유지의 수단이 아니라. 공동체 속에서 자신에게 사명을 완수하는 통로”라고 언급한다. 사회복지 현장에서 이 철학은 더욱 절실하다.

만약 누군가가 ‘보험료 절감’이라는 개인적 이해관계만으로 복지기관에 들어온다면, 그 사람은 대상자를 존중하기보다 자신의 이익을 우선하게 된다. 이는 어르신의 안전, 돌봄의 질, 동료 간 협력 등 복지현장의 기본가치를 훼손한다.

철학자 레비나스(Emmanuel Levinas)는 "타인의 얼굴은 나에게 책임을 부여한다."고 했다. 사회복지 종사자는 서비스 대상자의 얼굴을 외면한 채 개인적 편익만을 좇는 태도는 복지의 본질을 파괴한다.

- 무엇이 문제인가

이번 일은 단순히 개인의 일탈 문제가 아니다. 제도적 허점이 이러한 왜곡된 취업 동기를 부추기고 있다.

- 건강보험 제도의 구조적 문제

지역건강보험료가 재산, 소득에 따라 과도하게 책정되면서, 일부 퇴직자가 억지로 직장 가입형태를 유지하려 한다. 이 과정에서 본인의 적성과 사명과 무관한 직종에 무리하게 취업하는 현상이 나타난다.

- 복지기관 채용의 검증문제

현재 사회복지 현장에서는 채용 시 '직무능력' 위주로만 평가하고 지원동기와 가치관에 대한 심층 검증이 부족하다. '왜 이 일을 하고자 하는가?' 라는 근본적인 질문에 대한 답을 충분히 확인하지 못한 채 인력부족을 메우기 위해 채용하는 경우가 많다.

• 복지현장의 신뢰를 지키기 위해

사회복지 현장은 '일하고 싶은 사람 누구나 올 수 있는 곳' 이 아니다. 그것은 '책임'과 '소명'을 가진 이들이 들어와야 하는 자리다. 복지의 본질은 약자와 소외된 이들의 존엄을 지키는 데 있으며, 이를 지탱하는 힘은 종사자의 마음가짐이다.

소명없는 취업은 단순한 개인의 문제가 아니라, 사회복지 서비스 전체의 신뢰를 무너뜨린다. 우리는 이번 사례를 통해 복지현장의 문은 성실과 사명을 가진 사람에게만 열려야 한다는 교훈을 되새겨야한다.

07

부탁의 무게

김 집사는 평소 교회에서 정이 많은 사람으로 알려져 있었다. 신앙 안에서 가까운 사이인 오 집사가 있었다.

어느 날, 오 집사가 다가와 이렇게 말하는 것이다.

"집사님! 이달 말에 제 직장에서 프로젝트 발표가 있는데 참관 좀 해주실 수 있나요?

응원차 와주시면 큰 힘이 될 것 같아요."라고 부탁했다.

김 집사는 흔쾌히 수락했다.

토요일 오후, 회사 강의실은 사람들로 붐볐다. 낯익은 교인들도 보였다. 오 집사는 환한 얼굴로 김 집사를 반기며 지인들에게 소개했다. 하지만 시간이 지나자 김 집사는 이 모임이 단순한 프로젝트 발표가 아니라 회사홍보와 판매 활동을 겸한 설명회라는 사실을 알게 되었다.

그는 마음이 살짝 불편했지만, 표정은 흐트러지지 않았다.

"집사님! 오늘 발표 참 잘하셨습니다. 새로운 면을 보았네요."

겉으로는 칭찬했지만, 속으로는 씁쓸함이 남았다. 그는 순수한 응원의 자리라 여겼는데, 실상은 상품소개와 가입권유가 숨어 있었던 것이다.

며칠 후 또 연락이 왔다.

"이번에는 대전에서 천여 명이 모이는 세미나가 있어요. 정말 훌륭한 강사님이 오시는데 집사님이 들으시면 새로운 세계를 만나 보게 될 거예요."

김 집사는 정중히 거절했다.

"그날은 일정이 있어서 어렵겠어요."

오 집사는 살짝 서운한 기색을 보였지만 물러났다.

하지만 시간이 지나면서 부탁은 계속 이어졌다.

모바일 회원가입, 상품구매요청, 심지어 승진실적을 위한 대량 구매까지.. 김 집사는 마지못해 응하기도 했지만, 마음속의 평안은 점점 무너져갔다.

교회 예배 시간, 오 집사가 멀리서 다가오는 모습이 보이면 예전처럼 반가움이 아닌 묘한 부담감이 먼저 밀려 왔다.

"또 무슨 부탁을 하려는 건 아닐까…" 하는 생각이 스쳐갔다.

김 집사는 문득 이런 생각이 들었다.

도움이란 상대가 도움을 주고자 할 때 주어야 의미가 있는 거지, 친분때문에 어쩔 수 없이 하는 건 진정한 도움이 아니다.

부탁하는 것도 만찬 가지다. 상대가 흔쾌히 수용하면 몰라도 그렇지 않으면, 상대의 마음의 자유를 빼앗는 것이고, 결국 상대의 입장을 고려하지 않는 자기만의 이익이다.

상대가 원치 않고 부담을 느끼게 요청하는 것은 조심스럽게 생각해 봐야 한다. 상대의 평온과 평안을 훼손하는 일이 아닌가 생각해 볼 필요가 있다. 사람은 남에게 평안을 침해받지 않을 권리와 자유가 있다.

그뿐 아니라, 사람은 누구나 존엄을 존중받을 권리가 있다. 존엄은 단지 사회적 신분이나. 법적 권리에서만 오는 것이 아니다. 그것은 상대의 선택과 마음을 존중받는 것에서 비롯된다. 반복되는 요청이나 무리한 부탁은 상대의 평안을 침해하는 행위가 될 수 있기 때문이다.

상대의 마음의 평안을 지켜주는 것도, 복지의 한 영역에 해당된다. 복지는 흔히 물질적 나눔으로만 이해되지만, 사실 그 이상의 의미를 가진다. 상대의 마음을 편안하게 하고, 불필요한 부담을 지우지 않는 것 또한 복지인 것이다. 교회공동체, 가정, 사회 어느 곳에서든 우리가 서로에게 줄 수 있는 가장 큰 복지는 때로는 '도와주는 것'이 아니라 '억지로 부탁하지 않는 것' 일지도 모른다.

복지란 결국 인간의 존엄과 평안을 지키며 살아갈 수 있도록 돕는 모든 행위다. 작은 배려, 존중의 태도, 그리고 침묵 속의 기다림조차도 복지의 한 얼굴이다. 우리는 그 얼굴을 잊지 말아야 한다.

◑ 마음의 평안을 지키는 권리

복지라 하면 흔히 경제적 지원이나 의료, 교육, 주거와 같은 사회적 제도를 떠 올린다. 실제로 사회복지는 아동복지를 비롯하여 청소년 복지, 여성복지, 장애인 복지, 노인복지, 다문화 가족복지 등으로 세분화되어 운영되고 있다. 이는 사회적으로 '특수계층'으로 분류된 사람들이 최소한의 인간다운 생활을 할 수 있도록 돕기 위한 장치이다.

그러나 현대 사회의 흐름은 점차 달라지고 있다. 복지는 더 이상 특정 집단만의 전유물이 아니다. 모든 사람은 인간답게 살 권리를 가지고 있으며 그 권리는 경제적 영역을 넘어 인간의 내면, 곧 '마음의 평안'까지도 포괄된다.

여기서 중요한 질문을 던져 볼 필요가 있다.

'상대의 마음을 불편하게 하는 부탁이나 요구는 과연 복지적 관점에서 어떻게 해석할 수 있을까?'

사회는 점점 관계 중심적이면서도 경쟁적인 구조를 띠고 있다. 교회, 학교, 직장, 심지어 가족 안에서도 서로의 도움을 요청하거나 협조를 구하는 일이 잦아진다. 하지만, 그것이 상대의 선택권을 존중하지 않은 채 부담으로 다가올 때 그 순간부터 그것은 부탁이 아니라 '압박'이 된다.

인간의 존엄은 단순히 생존의 조건을 보장 받는데에서 만 오는 것이 아니다. 존엄은 내가 나의 뜻을 자유롭게 선택할 수 있고 타인도 그러한 자유를 존중해 줄 때 비로소 지켜지는 것이다.

상대가 원치 않음에도 반복되는 도움 요청이나 가입 권유 또는 경제적 지원 요구는 결국 '마음의 복지(Emotional Well-being)'를 침해하는 행위가 될 수 있다.

마음의 복지는 눈에 보이진 않지만 인간다운 삶을 지탱해 주는 중요한 축에 해당된다. 물질적 복지가 의식주를 채워준다면 정서적 복지는 평안과 자유를 보장한다. 만약 누군가의 과도한 요구 때문에 내 마음이 불편해 지고 신앙공동체에서도 순수한 만남 대신 부담감을 느끼게 된다면 그것은 이미 내 복지의 한 부분이 침해당한 것이다.

복지는 '도움'이라는 이름으로 포장될 때 오히려 왜곡되기도 한다. 내가 원하는 방식이 아니라 타인의 욕구충족을 위한 도구로 전락 될 때 그것은 더 이상의 복지가 아니다. 그러므로 우리는 '상대의 평안을 지켜주는 것 또한, 복지의 중요한 영역이다.'라는 사실을 잊지 말아야 한다.

결국, 복지란 물질적 분배를 넘어 서로의 존엄을 존중하는 태도 속에서 완성된다. 타인의 마음을 불필요하게 침범하지 않고 원할 때 도움을 줄 수 있는 열린 관계가 바로 진정한 복지공동체로 가는 길 이다.

08

차 한잔의 값

고 부장은 작은 장애인 복지기관 원장으로부터 일일 찻집 티켓을 40장 건네받았다.

"고 부장님 이번에도 좀 도와주셔야겠습니다."

"예, 원장님. 힘닿는 데까지 팔아 보겠습니다."

그는 퇴근 후마다 동료와 지인들을 일일이 찾아다녔다. 부탁은 쉽지 않았다. 때로는 귀찮다는 눈빛, 때로는 억지로 지갑을 여는 표정이 그의 마음을 무겁게 했다. 그러나 그는 꿋꿋이 티켓을 팔아냈다.

"장애인을 돕는 일이라면 내가 조금은 희생해야지."

그렇게 해서 모인 돈이 40만 원.

아내는 그에게 "정말 대단하다."며 박수를 보냈다.

찻집 날, 고 부장은 두근거리는 마음으로 카페를 찾았다.

사람들로 붐비는 카페에서 그는 티켓이 없어 차도 마시지 못한 채 한쪽 자리에 앉아 원장을 기다렸다. 그러나 아무리 기다려도 원장은 나타나지 않았다.

결국 그는 직원에게 돈 봉투를 맡기며 말했다.

"원장님께 꼭 전해 주십시오. 티켓 판매대금입니다."

집으로 돌아오는 발걸음은 무거웠다. 하지만 그는 기대했다.
"아마 원장님이 전화로 고맙다고 하시겠지."
그러나 하루, 이틀, 일주일… 아무런 연락도 없었다.

몇 달 뒤, 거리에서 우연히 원장을 마주쳤다. 고 부장은 먼저 말을 꺼내지 않았다. 그러나, 아무 말이 없기에 결국 마음에 맺힌 질문을 던졌다.
"원장님, 지난번 일일 찻집 티켓 대금 잘 받으셨죠?"
원장은 태연하게 대답했다.
"아, 네. 잘 받았습니다. 감사합니다."

그 한마디로 끝이었다. 더 이상 언급도, 마음이 담긴 눈빛도 없었다.

고 부장은 당황했다. 그래도
"부장님, 정말 감사해요. 주변에 티켓을 판매하는 것이 쉬운 일이 아닌데 40장이나 팔아주셨어요. 정말 고마워요, 저희 장애인들에게 큰 힘이 되었어요."라는 말을 듣고 싶었던 것이다.

자기의 수고가 헛되지 않았다는 것을 확인해 보고 싶었다. 쉽지 않은 자기의 헌신이 상대에게 감정표현으로 위로받고 싶었었다.
그런데, 부장만의 꿈이었다.

그날 밤, 고부장은 잠을 이루지 못했다.
봉투에 담긴 40만 원은 단순한 돈이 아니었다.
자신의 시간, 정성, 땀방울, 그리고 지인들의 성의가 담긴 마음의 집합

체였다. 그러나 원장의 태도는 그것을 단지 '돈'으로만 취급한 듯했다.

고 부장은 분노를 느꼈지만 스스로 삭혔다.

"그래 나는 도움을 주는 마음 하나로 한 것이지 보답을 바라서 한 건 아니지.

하지만...

사회가 이대로라면 순수한 마음을 가진 이들이 상처입고 떠나게 될 거야."

창 밖에 내리는 빗소리를 들으며 그는 중얼거렸다.

"감정은 숫자가 아니다. 서로 나누고 교감할 때만 살아 있는 거지. 진심 없는 감사는 오히려 상처가 되고, 작은 고마움의 표현 하나가 누군가의 마음을 지켜주는 것인데......"

그의 가슴에는 쓰디쓴 허탈감이 남았지만 동시에 한가지 얻은 것도 있었다. 감정을 존중하는 사회만이 따뜻한 미래를 열 수 있다는 것을

◑ 감정은 삶을 지탱하는 또 하나의 이성이다.

우리는 흔히 인간을 '이성의 동물'이라고 부른다. 그러나 실상 인간은 동시에 '감정의 동물' 이기도 하다. 이성은 인간에게 판단과 규칙을 제공하지만, 감정은 그 판단에 따뜻한 온기를 불어넣어 준다. 사랑하는 마음, 불쌍히 여기는 연민, 힘든 이를 도우려는 마음 이 모든 것이 이성으로는 설명되지 않는다. 그것은 인간존재의 가장 본질적인 층위에서 솟아나는

감정의 언어다.

감정이 없는 삶은 기계와도 같다. 표면적으로는 문제가 없어 보일지라도 내면은 메마르고 공허하다. 감정은 타인과의 상호작용 속에서 풍성해진다. 누군가에게 도움 주고 "고맙습니다."라는 말을 들을 때 그 말은 단순한 인사의 차원을 넘어 감정의 교류를 일으킨다.

'받았으니 답례해야 한다.'라는 것은 이성의 계산이지만 진정한 감사의 마음은 감정의 깊은 울림이다. 그러므로 감정은 사회적 삶을 지탱하는 또 하나의 이성이며 공동체의 윤활유다.

어느 지역에서 장애인복지시설이 일일 찻집을 열었다. 원장은 지인의 도움을 청했고 지역에서 알고 지내던 고 부장은 40장의 티켓을 맡아 열심히 판매했다. 그는 단순히 돈을 모으는 것이 아니었다. 지인들에게 일일이 설명하고 때로는 거절을 감수하며 자신의 시간과 정성을 기울였다. 티켓 판매대금은 단순한 40만 원이 아니라 '사람들의 마음이 모인 결실' 이었다.

그러나, 정작 원장에게 돌아온 것은 당연한 거였으며 가벼운 형식적인 감사의 말뿐 이었다. 진심 어린 고마움이 담긴 교감이 사라진 순간 봉사자의 마음은 허탈과 상처로 남게 된다. 이 일은 단순히 한 개인의 서운함이 아니라 우리 사회가 얼마나 쉽게 '감정의 가치를 가볍게 여기는지' 보여주는 좋은 사례이다.

감정은 가볍지 않다. 오히려 그것은 공동체의 신뢰와 존엄을 떠받치는 힘이다. 작은 '고맙습니다.'는 말 한마디, 눈빛 속의 진심, 따뜻한 악수는 단순한 예의가 아니라 인간을 인간답게 만드는 윤리적 행위다. 반대로 감정을 무시하거나 돕는 것을 당연시하고 감사를 형식적으로 대하는 것은 공동체의 신뢰를 무너뜨리는 것이다.

감정이야말로 공동체의 눈에 보이지 않는 자산이다. 이 자산을 소홀히 하는 사회는 결국 서로를 도울 힘을 잃게 된다. 우리가 자주 간과하는 것은 '감정도 관리와 배려가 필요한 사회적 자원'이라는 사실을 가볍게 여기는 것이다

오늘날 우리는 물질적인 복지, 제도적인 복지에는 많은 관심을 기울이고 있다. 그러나 그보다 더 근본적인 것이 있다. 바로 감정 복지다. 누군가의 수고를 당연하게 여기지 않고 작은 배려에도 진심으로 감사하며 감정을 교류하는 사회가 진정한 복지사회다.

감정 복지를 무시하는 순간, 제아무리 풍요로운 제도와 정책도 허공에 떠 있는 건물에 불과하다. 제도는 구조를 만들어 내지만 감정은 구조 속에 인간성을 불어 넣는다.

프리드리히 빌헬름 니체(Friedrich Wilhelm Nietzsche)는 인간을 '해석하는 동물'이라고 했다. 동시에 '느끼는 동물' 이라고도 했다. 임마누엘 칸트(Immanuel Kant)의 도덕철학 역시 이성의 법칙 위에 세워 졌지만 그 이성을 움직이게 하는 힘은 타인의 고통을 '느끼는 감정'이었다. 철학이 말하는 인간의 존엄은 결국 이성 뿐 아니라 감정을 존중할 때 완성된다.

감정은 사소한 것이 아니다. 감정은 서로의 마음을 잇는 다리이며 공동체를 지탱하는 뿌리다. 작은 감사의 표현 하나가 수고를 빛나게 만들고 무심한 태도 하나가 헌신을 꺾는다.

우리가 지탱해야 할 사회는 '형식적인 감사'가 아니다. 감정을 교류하고 존중하는 사회다. 그것이야말로 진정한 의미에서의 복지이며 인간다운 공동체의 길이다.

09

휴관일에 커피 한잔

토요일 아침, 윤씨 부부는 오랜만에 여유로운 주말을 맞았다. 아침 햇살이 부엌 창가로 들어오자 아내가 커피를 내리며 말했다.

"여보, 오늘 뭐할까?"
"그러게, 요즘 애들도 심심해하던데… 동네에 새로 생긴 음악도서관 한 번 가볼까?"
"거기 좋대요. 음악 들으며 책도 읽을 수 있다던데."

아이들도 신이 나서 책가방에 그림책과 필통을 챙겼다. 가족은 손을 잡고 도서관으로 향했다. 늦가을의 공기가 상쾌했다. 나무잎이 바람에 흔들리며, 아이들은 낙엽을 밟는 소리에 깔깔 웃었다.
윤씨는 속으로 뿌듯했다. "이런 시간이 진짜 행복이지."

그러나 도서관 앞에 도착하자, 문 앞 안내판이 그들의 발걸음을 멈추게 했다.

"토요일, 일요일, 공휴일 휴관."
"아니 여보, 문 닫혔네."

"에이, 뭐처럼 주말에 왔는데…"

아이들의 얼굴에 실망이 번졌다. 윤씨는 허탈하게 웃으며 말했다. "이런 날은 그냥 산책이라고 생각하자."

그들은 다른 공공기관을 찾아봤지만, 모두 문이 닫혀 있었다.

결국 근처 찻집으로 들어갔다. 창가에 앉아 따뜻한 커피를 마시며 윤씨는 말했다.

"여보, 훌륭한 도서관을 세워 놓고 평일에만 운영하면 우리 같은 맞벌이 부부는 이용을 못하잖아. 결국 낮에 시간 있는 사람들만 사용하는 거야."

아내는 고개를 끄덕였다.

"그러게… 하지만 직원들도 쉬어야 하잖아. 주말마다 근무하면 그건 또 힘들죠."

윤씨는 잠시 생각하다가 말했다.

"그렇다면 말이야, 야간이나 주말 운영을 노인 일자리나 청년일자리로 하면 되지 않을까? 퇴직한 분들이나 일하고 싶은 어르신들 많잖아. 그분들이 운영 보조 맡으면 일자리도 생기고, 주민들도 언제든 이용할 수 있고. 청년들도 알바를 통해 업무도 배울수 있고 책도 보고.."

아내는 눈을 반짝이며 웃었다.

"좋은 생각이네요. 일석이조네요."

그들은 그렇게 이야기를 나누며 한참을 앉아 있었다. 창밖으로 아이들이 낙엽을 모으며 놀고 있었다. 윤씨는 그 모습을 바라보며 문득 생각했다.

"공공시설이 진짜로 '공공'을 위한 곳이 되려면,
시간표를 맞추는 게 아니라 사람의 삶을 맞춰야 하지 않을까."

커피잔에 남은 미온의 향이 퍼졌다. 그날, 윤씨 부부는 도서관은 가지 못했지만 '도시 속 공공성'에 대한 깊은 이야기를 나누며 마음의 문을 열었다.

◑ 휴관일의 철학

주말 아침, 많은 가족들이 오랜만에 함께 시간을 보내려 한다. 그중 한 부부는 아이들과 함께 동네 음악도서관을 찾았다. 그러나 문은 닫혀 있었다. 토요일, 일요일, 공휴일은 바로 직장인 가족들이 쉴 수 있는 날이었지만 도서관의 문은 '휴관'이었다. 이 장면은 단지 한 가정의 일상이 아니다. 우리 사회의 '공공성'이 누구를 향하고 있는지를 묻는 장면이다.

많은 공공기관들이 "운영의 효율성"이라는 이유로 평일 낮 시간에만 개방된다. 그 시간대에 이용할 수 있는 사람들은 주로 주부, 학생, 노인이다. 반면, 직장인·맞벌이 부부는 문이 닫힌 건물 앞에서
"공공의 문턱"을 실감한다. '모두를 위한 공공시설'이 실제로는 '일부만을 위한 편의시설'로 전락하는 순간이다.

운영 효율은 행정의 논리이고 삶의 시간은 인간의 현실이다. 행정은 근무시간을 기준으로 움직이지만 시민의 삶은 가족과의 시간을 기준으로 흘러간다. 공공서비스가 진정한 의미의 복지라면 운영자의 시간표가 아니라 이용자의 생활리듬에 맞춰야 한다. '9시~6시 행정'이 아니라 '사람의 하루'를 기준으로 설계되어야 한다.

윤씨 부부의 대화처럼 야간·주말 운영을 위한 새로운 인력구조를 상상해보자. 퇴직자, 경력단절 여성, 노인일자리 참여자들이 주말 근무나 야간 관리, 도서안내 등의 보조 역할을 맡을 수 있다. 이는 단순한 인력 대체가 아니라 세대 간 상생의 구조를 만드는 사회적 투자다. 노인은 경험과 책임감을 나누고 청년세대는 더 많은 휴식을 확보하며 시민은 더 넓은 시간대의 서비스를 누린다. 공공이 공동체의 삶을 품는 방식이다.

결국 문제의 본질은 행정의 '시간표'가 아니라 '배려의 철학'이다.
공공시설이 존재 이유를 되묻는다면 그 답은 건물의 규모나 예산이 아니라 "누가, 언제, 어떻게 이용할 수 있는가"에 있다. 문을 열고 닫는 결정 하나에도 공공철학이 깃들어야 한다. 시민의 생활 속으로 들어가는 공공, 그것이 진짜 복지이자 공동체의 품격이다.

윤씨 부부가 커피잔을 마주하던 그날 그들은 '닫힌 문'을 보고 실망했지만 그보다 더 큰 깨달음을 얻었다. 공공의 문은 시간이 아니라 마음으로 열려야 한다. 진정한 공공성은 "모두를 위한 배려의 시간" 속에서 완성된다. 그것이 주말의 한 장면이 우리 사회에 던지는 가장 조용하고도 깊은 질문이다.

4부

지는 석양 아래 희망의 돌봄

01

사라진 한 사람

환갑을 맞이하면서 친구들은 이제야 시간을 맞춰 모였다. 고향 시골 초등학교를 졸업한 지 반세기가 넘었고, 모두가 백발이 성성한 노인이 되었지만, 마음만은 여전히 어릴 적 어깨동무였다.

이번 여행지는 보성 대한 다원 녹차밭이다. 푸른 물결이 끝없이 이어지는 그곳에서, 친구들은 젊은 날로 돌아간 듯 마음껏 웃고 떠들며 시간을 보냈다. 이제 서서히 녹차밭을 떠나가야 할 시간이다

"야, 정현이 어디 갔어?"
주차장으로 모여드는 친구들 속, 회장이 주변을 둘러보다가 물었다.

"없는데.. 애들아 정현이 안 보인다."
정현이를 본 사람 있는지 총무도 외쳤다.
"누구 정현이 본 사람 없니?"

"내려오다 화장실 들어가는 것 같던데."
누군가 중얼 거렸다.

그러나 모두들 대수롭지 않게 넘겼다. 그러나 회장은 왠지 불안했다. 책임감 때문이었을까.

5분, 10분…지나도 정현이는 나타나지 않는다.
시간이 길어지자 농담과 웃음도 점차 잦아들었다.

"야! 누가 전화해봐."
"했는데 안 받아."

회장은 마음이 다급해졌다.
"누가 우리가 왔던 길 위로 좀 가볼래?"
"기다려봐, 애도 아닌데 내려 오겠지."
"아냐, 우리 이제 애들이 맞아. 나이 들면 두 살, 세 살로 되돌아간다니까."

친구들 농담에 웃음이 터졌지만, 불안은 가시지 않았다.

"내가 가볼게."

친구 하나가 달려갔다. 나머지는 멀어져 가는 그의 뒷모습을 바라보며 가슴이 철렁 내려앉았다.

녹차 밭의 바람은 여전히 산뜻했지만, 주차장에 서 있는 친구들의 표정은 점점 굳어갔다.

"무슨 일 생긴 건 아니겠지…"

누군가 중얼거렸고, 그 말에 모두 고개를 끄덕였다.

한참 지나간 후,
두 사람이 드디어 나타났다. 그러나 함께 오는 것이 아니었다.
먼저 보인 정현은 묵묵히 앞만 보고 걸었고, 그 뒤에 오던 친구의 얼굴은 분노로 붉게 달아 있었다.

"정현아! 어디 갔다 온 거야? 우리가 얼마나 기다렸는데."
모두가 몰려들었지만, 정현은 대꾸하지 않았다. 한쪽에 조용히 서 있을 뿐이었다.
찾으러 갔던 친구가 씁쓸하게 입을 열었다.

"위로 올라가길래 '버스는 반대편이야' 하고 알려줬더니… 갑자기 돌아서서 나한테 짜증내며 갑자기 소리 지르더라. '참견마, 내가 알아서 가!' 이러는 거 있지."

순간, 주변이 술렁였다.

"정현이가? 그 얌전하던 애가?"
"와… 믿기지 않는다. 무슨 일이 있었나??"

정현을 찾으러 간 친구는 섭섭함과 분노를 가시지 못했는 듯 했다.
"내가 괜히 나섰지. 사람 생각해서 간 건데, 오히려 나한테 갑자기 화를 내고…
아~ 짜증나….다시는 신경 쓰고 싶지 않아.."

다른 이들이 달래려 했지만, 상처는 쉽게 아물지 않았다.
회장은 속으로 한숨을 내쉬었다.

"나이 들면 작은 지적도, 작은 실수도 자존심에 큰 상처가 된다. 그것이 곧 분노로 번지는구나."
잠시 머릿속에 생각이 스며들었다.

버스에 올라탔지만, 전과 같은 웃음소리는 사라졌다.

"결국, 우리 다 똑같아. 나이가 드니까 자존심 세고, 고집 부리고, 성질 급하고… 그래도 같이 늙어가는 게 복이지."

한 친구가 농담처럼 말했지만, 그 말은 모두의 마음을 건드렸다.
정현은 끝내 말을 하지 않았다. 창밖만 바라볼 뿐이었다.
남은 이들의 가슴엔 씁쓸한 여운이 남았다.

그날의 작은 해프닝은, 여행의 기억 속에 묘한 그림자를 남겼다.

"나이가 든다는 건 무엇일까.
왜 작은 일에 상처를 받고, 왜 고집이 세지는 걸까.
그리고 우리는 서로를 어떻게 대해야 할까."

녹차 밭의 푸른 물결은 여전히 아름다웠지만, 그 안에서 노년의 자존심과 분노가 남긴 파장은 오래도록 친구들의 가슴속에 남았다.

노년의 자존심과 고집

이야기 속 사건은 단순한 일화가 아니다. 그것은 노년의 심리와 철학적 성찰을 동시에 보여주는 작은 거울이다. 노인은 작은 실수에 지적에도 "자신의 존재 전체가 무시 당했다"는 상실감을 느낀다. 체력, 기억력, 사회적 지위가 약해질수록 자존심은 더욱 예민해지고, 작은 말에도 쉽게 상처를 입는다.

노년의 분노는 사실 "나를 존중해 달라"는 외침이다. 누군가 지적했을 때 단순히 화를 낸 것이 아니라, "나는 여전히 존중받아야 할 존재다"라는 자기 방어 기제인 것이다. 즉, 화를 내는 모습도 존재를 확인받고 싶다는 간절한 표현으로 이해하면 한결 부드럽게 바라볼 수 있다.

철학자 한나 아렌트(H. Arendt) 는 "행동할 수 있어야 사람이다"는 말을 했다. 또 인간을 '행위하는 존재'라 불렀다. 그런데 나이가 들면 스스로 선택하고 결정하는 행위의 기회가 줄어들게 된다. 예를 들어, "이 길이 아니에요, 저쪽으로 가세요"라고 하면 노인은 순간적으로 "내가 판단도 못 하는 존재인가?"라는 상실감을 느끼게 된다. 그 순간 분노가 터진다는 것이다. 따라서 노인에게는 사소한 부분이라도 '내가 결정할 수 있다'는 경험을 제시함이 꼭 필요하다. 그것이 자존감을 지켜주고, 고집을 부드럽게 해주는 중요한 요소가 된다. 반면, 노인을 "고집 센 노인네"로 취급하면 당연히 화가 커진다. 그러나 "나와 같은 한 사람, 나와 함께 늙어가는 동료"로 대하면 마음이 풀리게 되는 것이다. 즉, 노인을 문제로 보지 말고, 하나의 '나' 와 '너'로 마주하는 태도가 중요하다.

위와 같은 유사한 경우의 노인에 대한 대응방안을 소개한다.

- 동행의 언어를 사용하라

"그 길 아니에요" 대신, "같이 가요, 제가 옆에 있을게요."
지적이 아니라 동행의 태도로 말하면 그만큼 분노가 줄어든다.

- 결정권 보장하라

"이쪽이 더 편할 것 같은데, 어르신은 어떻게 하실래요?"
스스로 선택할 기회를 주면 자존심이 지켜진다.

- 긍정적으로 인정하라

"역시 경험이 많으셔서 잘 아시네요."
작은 칭찬도 고집을 누그러뜨리는 힘이 된다.

- 시간의 여유를 주라

빨리빨리 재촉하지 말고, 기다려 주는 태도가 필요하다.
기다림은 그 자체가 곧 존중의 표현이다.

- 존재 자체를 존중하라

행동이나 실수보다 "당신은 소중한 분"이라는 메시지를 전하는 것이 중요하다. 노인은 '무엇을 하느냐'보다 '내가 여전히 가치 있는 존재냐'를 더 크게 느끼기 때문이다.

• 유머와 따뜻한 농담을 건네라

분위기를 가볍게 풀어주는 한마디 농담은 갈등을 완화한다.
단, 비아냥이 아닌 진심 어린 농담이어야 한다.

• 공감적 경청하라

화를 낼 때 "왜 화내세요?"보다 "많이 답답하셨죠, 제가 들어드릴게요"라고 반응하도록 해야 한다. 공감은 노인의 마음을 안정시키는 가장 강력한 대응이다

노년의 고집과 분노는 성격 문제가 아니라, 존재가 사라져가는 불안의 표현이다. 해야 할 일은 단순하다. 같이 걷고, 선택을 존중하고, 기다려주고, 웃음을 나누는 것. 그것이 우리가 함께 늙어가면서도 서로를 지켜주는 길이다.

02

집에 가야 돼

아침 햇살이 커튼 사이로 들어오던 시간, 요양보호사들이 분주히 어르신들을 맞이하던 센터 안은 늘 그렇듯 잔잔한 공기로 가득했다.

그런데 오늘은 평소와 달랐다. 한 어르신이 도착하자마자 목소리를 높이며 소리쳤다.

"나 집에 가야 돼! 왜 날 여기 데려왔어. 나 좀 보내줘. 남편이 오래간만에 집에 돌아왔단 말야!"

그녀는 발 마사지 의자에 앉아 있다가 벌떡 일어나 요양보호사에게 다가가 손을 뿌리쳤다. 얼굴은 붉게 상기되어 분노에 휩싸인 모습이었다.

요양보호사 두 명이 다가가 차분히 달랬지만, 소용이 없었다.

"왜 안 보내주는 거야? 왜 나를 막아!"

그녀의 목소리는 프로그램실 전체를 울리며, 다른 어르신들마저 놀라게 만들었다.

그녀의 남편은 이미 이십 년 전에 세상을 떠났다. 그러나 그녀의 기억 속에서 남편은 여전히 존재했고, 오늘 아침 그녀의 세계 속에서는 남편이 집에 돌아온 것이었다.

요양보호사들은 '그 님이 오셨다'고 속으로 중얼거렸다. 치매 환자에게 종종 찾아오는 순간적 몰입의 망상, 그것이 바로 지금의 상황이었다.

"내 남편이 집에 와 있다니까! 날 보내줘!"

그녀는 발을 굴렀다. 주위 공기는 순식간에 무겁게 가라앉았다.

그때, 사회복지사가 지나가다 소동을 목격했다. 요양보호사들이 난감해하며 어르신을 붙잡고 있는 모습, 그리고 어르신의 절규.
그는 잠시 멈추어 숨을 고르더니, 천천히 그녀에게 다가갔다.

"어르신, 오랜만에 아저씨가 집에 들어오셨다고요?"
그의 목소리는 낮고 부드러웠다.

"그래! 그래서 가야 되는데, 이 사람들이 날 못 가게 해."
어르신은 여전히 떨리는 목소리로 대답했다.

복지사는 고개를 끄덕이며 맞장구쳤다.

"아, 예. 알겠습니다. 그런데 잠깐만요. 저랑 잠시 이야기 좀 나눌까요? 방금 전에 아저씨한테 연락이 왔거든요."

"우리 남편한테?"
순간 그녀의 눈빛이 흔들렸다.
복지사는 그녀를 상담실로 조심스레 모셨다. 그리고 의자에 앉히자 조용히 말을 이어갔다.

"어르신, 권씨 아저씨 아시죠? 남편분이랑 아주 친한 분."
"권씨? 응, 잘 알지. 옛날 동네에서 같이 술도 자주 마시던 사이야."
"맞아요. 방금 아저씨가 권씨 댁에 가셨다고 연락이 왔어요. 권씨랑 점심 같이 드시고 집에 늦게 들어오신대요. 그러니까 어르신은 여기서 편히 쉬고 계시다가 천천히 들어오시라 하셨어요."

"우리 남편이? 권씨 집에 간다고?"

어르신의 목소리는 점차 낮아지고, 얼굴의 분노가 서서히 풀렸다.

"정말 그렇게 연락이 왔어?"
"그럼요. 그러니 걱정하지 마시고, 여기서 점심도 드시고 발 마사지도 받으세요. 남편분 오실 시간에 제가 모셔다 드릴게요."

그녀는 눈가를 깜빡이며 한숨을 내쉬었다.
"…그래, 그럼 기다려야겠네. 알았어"

복지사가 손을 잡아 일으키자, 그녀는 마치 아무 일도 없었던 듯 순순히 따라 나섰다.
조금 전까지 포효하는 사자 같던 모습은 사라지고, 얼굴에는 평화로운 기운이 감돌았다.

발 마사지 의자에 다시 앉은 그녀는 조용히 차를 마셨다. 요양보호사들이 조심스럽게 차려드린 율무차를 마시는 손길은 오히려 여유로워 보였다. 다른 어르신들도 안도한 눈빛을 보냈다.

"아까 그분 맞아?"
"정말 거짓말 같이 변하셨네…"
요양보호사들 사이에서 놀라움과 안도의 속삭임이 오갔다.

잠시 후 복지사가 사무실로 들어가자, 요양보호사 중 한 명이 따라와 물었다.

"복지사님, 어떻게 하신 거예요? 조금 전까지 난리를 치시던 분이 갑자기 저렇게 순해지시다니."

복지사는 미소 지으며 말했다.

"간단해요. 설득은 말의 기술도 중요하지만, 결정적인 설득은 정보랍니다. 어르신 초기 상담 때 기록한 생태도를 살펴봤거든요. 남편분과 친했던 분들, 어르신이 기억 속에서 신뢰하는 분들… 그 정보가 열쇠였지요."

요양보호사는 감탄하며 고개를 끄덕였다.
"아, 그렇구나. 역시 정보가 힘이네요."

센터는 다시 고요 속에서 분주하게 움직였다. 어르신들의 웃음소리가 프로그램실에 퍼지고, 조금 전의 소란은 마치 꿈처럼 사라졌다.

그날, 요양보호사들과 복지사는 다시 한번 깨달았다.

치매 어르신의 돌봄은 단순한 힘겨루기가 아니라, 기억 속 열쇠를 찾아내는 섬세한 과정이라는 것을.

◑ 치매 어르신 돌봄, 말의 기술보다 정보의 힘

치매 어르신을 돌보는 현장에서 종종 발생하는 장면이 있다. 갑자기 "집에 가야 한다" "남편이 돌아왔다" "아이를 찾으러 가야 한다"와 같은 절박한 요구가 터져 나오는 것이다.

이 순간 요양보호사나 복지사들은 당황한다. 단순히 "안 됩니다"라고 막아 세운다면, 오히려 분노와 불안을 더 크게 키우기 때문이다. 어르신의 현실감각은 흐려져 있어도, 감정은 살아 있고 절실하다.

많은 돌봄 종사자들이 말의 기술, 즉 부드럽게 달래는 언어적 설득만으로 상황을 진정시키려 하지만, 때로는 그것만으로는 충분하지 않다. 오히려 돌봄의 핵심은 정보에 있다. 어르신의 생애사, 관계망, 중요한 사람들, 삶의 배경을 충분히 이해할 때 설득의 열쇠가 열리기 때문이다.

언어적 기술은 순간적인 위기 상황에서 유용하다. 차분한 어조, 공감의 표현, 부드러운 스킨쉽 등은 분노한 어르신을 진정시키는 데 큰 힘이 된다. 그러나 이것만으로는 반복적인 문제 상황을 해결하기 어렵다.

정보 활용은 다르다. 예를 들어, "남편이 집에 돌아왔다"는 망상적 믿음을 보일 때, 단순히 "남편분은 안 계세요"라고 현실을 설명하는 것은 무용하다. 오히려 어르신은 거부감과 불신을 보인다. 반면, 남편과 친했던 '권씨 아저씨' 이야기를 꺼내며 "남편분이 권씨 댁에 계시다"라고 연결하면, 어르신의 기억 속 안정된 세계로 이어져 설득이 가능하다.

즉, 말의 기술은 순간을 부드럽게 한다면, 정보는 상황을 근본적으로 풀어낸다.

그렇다면 현장에서 어떻게 정보를 준비해야 할까? 답은 입소 초기 상담과 지속적인 기록 관리에 있다. 어르신의 과거 직업, 배우자·친구 관계, 생활습관, 좋아하는 음식과 취미, 심지어 자주 쓰던 말투까지 기록해 두는 것이 중요하다.

이러한 정보는 단순히 행정적 문서가 아니라, 위기 상황에서 어르신의 마음을 열 수 있는 열쇠가 된다.

예를 들어,

배우자와 친한 친구의 이름
자녀의 어린 시절 모습
고향에서의 추억 장소
즐겨 듣던 노래나 유행가

이러한 요소 하나하나가, 어르신의 불안한 감정을 안정된 기억의 틀로 안내하는 중요한 단서가 된다.

치매 어르신 돌봄에서 설득은 단일한 기술이 아니다. 다양한 상황과 어르신의 특성에 맞추어 전략적으로 접근해야 한다. 몇 가지 대표적인 유형을 제시해 본다.

- 정보활용형 설득

초기 상담에서 확보한 정보(인물, 관계, 추억)를 활용하여 현재 어르신의 요구를 맥락 있게 풀어주는 방식.

예: "남편분이 오늘 권씨 댁에 가셨습니다. 점심 드시고 오신대요."

- 감정공감형 설득

어르신의 감정을 있는 그대로 수용하며 공감해 주는 방식.
예: "많이 보고 싶으시죠. 집에 가고 싶은 마음 충분히 이해합니다."

- 환경조정형 설득

주변 환경을 바꾸어 어르신의 주의를 다른 곳으로 전환시키는 방식.
예: 산책, 음악 감상, 차 한 잔으로 분위기를 돌리는 것.

- 대안제시형 설득

당장의 요구를 부드럽게 수용하면서 다른 선택지를 제시하는 방식.
예: "점심 드신 후에 함께 가시죠. 지금은 남편분이 잠시 외출하셨어요."

이 네 가지 접근은 각각의 상황에서 복합적으로 적용될 수 있으며, 무엇보다도 핵심은 '어르신의 세계를 존중하는 태도'이다.

이번 사례에서 확인할 수 있는 교훈은 분명하다.

설득은 기술보다 정보가 중요하다.
기록과 관찰은 위기 대응의 핵심이다.
돌봄은 힘으로 제압하는 것이 아니라, 기억과 감정을 존중하며 대화하는 과정이다.

돌봄 종사자는 단순한 돌봄 제공자가 아니라, 어르신의 과거와 현재를 연결해 주는 해설자이자 동행자이다.
치매 어르신 돌봄은 한순간의 인내로 끝나지 않는다. 매일 반복되는 긴장과 갈등 속에서 돌봄 종사자는 지치기 쉽다. 그러나 초기 상담에서 얻은 한 줄의 정보, 오래된 친구의 이름, 좋아하던 노래 한 곡이 어르신의 불안을 풀어주는 결정적 열쇠가 될 수 있다.
결국, 말의 기술은 돌봄의 표면을 다듬지만, 정보는 돌봄의 뿌리를 지탱한다.

이 깨달음을 실천하는 현장일 때, 치매 어르신의 삶은 조금 더 평화롭고 존엄하게 지켜질 수 있을 것이다.

03

남는 건 아무것도 없다

95세 노인은 오래전 아들을 군에서 잃었다. 나라에서 위로로 준 택시 면허 덕분에 30년 넘게 택시를 몰았고, 그 수입으로 아파트 두 채를 마련하고 통장에는 현금이 차곡차곡 쌓였다.

겉으로 보기에 그는 성공한 노년처럼 보였다.

그러나 그의 삶에는 구멍이 있었다. 그는 돈을 가족에게 쓰지 않았다.

“생활비 좀 더 주면 안 돼요?” 아내가 조심스레 말하곤 했지만, 그는 늘 고개를 저었다.

“쓸데없는 데 흘려보내면 안 되지. 모아야지.”

아내는 결국 지쳐 딸 집으로 옮겨갔고, 딸과의 연락도 끊겼다. 남은 건 돈뿐이었고, 노인에게 남은 것은 돈과 자신 뿐이었다.

결국, 홀로 살았다.

그의 집에는 요양보호사들이 다녀갔다. 그러나 대부분 오래 버티지 못했다. 요구는 많고, 대화는 늘 돈 얘기뿐이었기 때문이다.

"선생님, 오늘은 산책 나가셔야죠. 햇볕 받으면 좋아요."
"산책이 뭐 공짜냐? 누가 돈 줄 거야?"
"산책은 돈이 안 들어요."
노인의 말은 차갑지만, 요양보호사는 그저 미소로 대답했다.
식사를 챙겨주려 하면 또 말을 보탰다.
"두부는 비싸. 아껴라."
"그래도 건강엔 드셔야 해요. 이건 꼭 필요해요."
그의 고집은 끝이 없었다.

어느 날 건강이 급격히 나빠졌다. 병원에서 입원을 권유했다.
"탈수와 영양실조 증상이 있습니다. 당장 입원하셔야 해요."
그러나 노인은 손사래를 쳤다.

"나는 멀쩡한데 왜 돈 주고 병원에 누워 있어야 돼? 안 간다."

의사와 보호사가 설득했지만, 그의 귀에는 그말이 와 닿지 않았다. 그에게 돈은 몸보다, 관계보다 앞서는 것이었다.

그날 저녁, TV에서 기부로 평생을 살아온 진주의 김장하 어르신 다큐멘터리가 나왔다. 지역 사회에 베풀고, 많은 사람들에게 존경을 받는 모습 화면 속 따뜻한 미소와 그의 삶에 감동되어 주변에 모여든 이웃들의 모습이 이어졌다.

노인은 멍하니 화면을 바라보았다. 자신은 돈을 쌓았지만, 곁엔 아무도 남지 않았다는 것을 깨닫는다. 방안의 정적은 묵직했고, 통장 속 숫자는 그 정적을 메우지 못했다.

밤이 깊자, 그는 서랍에서 펜과 종이를 꺼냈다. 늘 영수증과 통장 정리표를 쌓아두던 그 서랍이었다. 이번에는 달랐다. 마음의 동요가 온 것이다.

'딸에게. 밥은 먹고 다니냐. 잘 지내고 있느냐. 왠지 미안하다. 이제 그동안 내가 소중이 여겼던 것을 너에게 전해 주마 이 통장을 받도록 해라'

글씨는 삐뚤빼뚤했지만, 오래 붙잡아 두었던 말들이 종이 위에 자신도 모르게 흘러나왔다.

잠시 뒤 그는 작은 미소를 지었다.

"내가 그동안 너무 돈 돈 했지. 이제 너희들에게 내 마음을 전할 때가 된 것 같다. 내가 돈 만 모으려 했지 사람을 모으려 하지 못했구나..미안하다."

다음 날, 요양보호사가 다시 찾아왔다. 노인은 종이 한 장을 건넸다.

"이거, 딸한테 전해줘."

보호사는 봉투를 받아 들고 고개를 끄덕였다.
노인은 창밖을 바라보며 중얼거렸다.

"그래도… 난 괜찮다고 해라."

늦게나마 전해진 말 한마디. 그 말 속에는 돈으로 살 수 없는 무언가가 담겨 있었다.

비로소 그는 알았다. 통장 속 숫자보다 중요한 건, 결국 사람이라는 것을.

◑ 돈보다 따뜻한 마음의 유산

노년의 삶은 길고도 고요하다. 그 고요 속에는 '무엇을 남기고 떠날 것인가'라는 묵직한 질문이 숨어 있다. 한 노인의 이야기가 그 질문에 답을 던진다. 그는 평생 아들을 잃은 슬픔 속에서, 돈이 자신을 지켜줄 마지막 방패라고 믿었다. 나라에서 받은 택시면허로 30년 넘게 일을 했고, 손수 마련한 아파트 두 채와 두둑한 통장은 그의 자부심이었다. 누가 봐도 '성공한 노인'이었다. 하지만 그는 가족에게 인색했다. 아내에게 생활비를 아꼈고, 딸에게는 단 한 푼도 주지 않았다.

"사는 건 각자 알아서 하는 거야."

그 말은 늘 냉정했고, 결국 아내는 떠나고 딸은 멀어졌다. 그는 돈을 남겼지만, 곁에 아무도 남지 않았다. 그렇게 홀로 늙어가던 어느 날, TV에서 진주의 김장하 어르신 이야기가 흘러나왔다. 그분은 평생 모은 재산을 장학사업과 지역사회를 위해 쓰며, 여전히 나눔을 실천하고 계신 분이다. 그의 미소는 따뜻했고, 그를 기억하는 사람들의 마음에는 '돈보다 마음이 더 오래 남는다'는 믿음이 자리하고 있었다.

노인은 화면을 오래 바라보았다.
"나는 평생 모으기만 했지, 한 번도 나눠본 적이 없구나…"
그날 밤, 그는 서랍을 열었다.

그 안에는 통장과 영수증이 가지런히 쌓여 있었다.
그는 오랜만에 펜을 들었다.

"딸에게.
밥은 먹고 다니냐.
미안하다.
아버지가 늦게 배웠다."

다음 날, 그는 통장을 딸에게 내밀었다. "이건 네 거다. 나는 너무 오래 쌓기만 했지, 나누는 법은 몰랐다." 딸은 눈물을 흘리며 말했다.

"아버지, 그 말이 돈보다 더 커요."

그 순간 노인은 알았다. 돈은 쌓을수록 무거워지고, 마음은 나눌수록 가벼워진다는 것을. 그에게 '소유'의 시대는 끝나고, '공유'의 시간이 찾아왔다. 김장하 어르신의 나눔은 단지 기부가 아니라, 삶의 방향을 바꾸는 철학적 깨달음이었다.

노년기의 특징은 잃음의 연속이다. 건강, 가족, 역할, 관계가 서서히 멀어진다. 그 잃음 앞에서 어떤 이는 움켜쥐고, 어떤 이는 내려놓는다. 진짜 지혜는 젊은 날의 성취가 아니라, 잃음을 통해 배우는 자유와 평온함에 있다. 이 노인의 이야기와 김장하 어르신의 삶은 우리에게 같은 질문을 던진다.

"나는 무엇을 남기며 살아가고 있는가."

숫자로 남을 것인가, 마음으로 남을 것인가. 노년의 품격은 통장의 잔고가 아니라, 누군가의 기억 속에 남는 따뜻한 얼굴과 마지막 진심 한마디에 있다. 그것이야말로, 돈보다 오래 남는 인생의 유산이다.

04

미뤄진 용기의 대가

"복지사님, 지금 잠시 와주실 수 있나요?"
낯익은 남자 요양보호사의 다급한 목소리가 전화기 너머로 터져 나왔다.

"무슨 일이세요? 무슨 일 있나요?"
복지사는 자리에서 벌떡 일어나며 물었다.

"예… 지금 성민 씨를 케어하는데 작은 침대 밑에서 위로 올려드리려 하는데요. 몸이 워낙 무거우셔서… 저 혼자선 도저히 옮길 수가 없습니다. 너무 힘들어요. 좀 와서 도와주셔야겠습니다."

"아… 알겠습니다. 금방 가겠습니다."
복지사는 외투도 챙기지 못한 채 급히 현장으로 달려갔다.

방 안은 눅눅한 약 냄새와 커피향이 뒤섞여 있었다.
요양보호사가 식은땀을 흘리며 성민 씨를 끌어안고 애쓰고 있었다.

"복지사님, 여기 좀만 잡아주세요. 제가 허리를 받칠 테니…"

"예, 하나, 둘, 셋!"
두 사람은 힘을 맞추어 성민 씨를 힘겹게 침대로 올려놓았다.

헉헉거리는 호흡 사이로 복지사는 성민 씨를 바라보았다.
창백한 얼굴, 숨결마다 힘겨움이 묻어났다. 의사 말로는 한 달 넘기기 어렵다 했다.

"성민 씨, 집에만 계시지 말고 병원으로 가서 진료받는 게 낫지 않겠어요? 거기 계시면 더 편할 텐데요."

성민 씨는 힘겹게 눈을 뜨고 고개를 저었다.
입술은 닫혀 있었지만, 단호한 의지가 전해졌다.
"집에 있겠다."는 말 대신, 고개 한 번이 그의 전부였다.

"알겠습니다. 성민 씨 뜻을 존중할게요."
복지사는 마음속 깊이 안타까움을 삼켰다.

잠시 후 성민 씨는 힘겹게 상체를 일으켜 세워 냉커피를 한 모금 마셨다. 그 손이 떨렸지만, 유일한 위안처럼 보였다.

복지사는 그의 곁에 앉아 조용히 숨을 골랐다.
마음속에서는 격렬한 갈등이 일었다.

'이분은 곧 죽음을 맞이한다. 사랑과 복음을 전해야 한다. 예수님이 당신을 사랑한다고 말해야 한다. 그러나… 요양보호사가 옆에 있다. 이게 공적 돌봄 사업인데, 자칫 선교한다고 오해받으면 문제가 생길 수 있다.'

말은 목까지 차올랐지만, 끝내 입술을 뚫고 나오지 않았다.
"다음에, 주일에 요양보호사가 없을 때… 그때 와서 기도해주자."
그렇게 스스로를 설득하며 발걸음을 돌렸다.

다음 날 저녁, 휴대전화가 요란하게 울렸다.
"복지사님! 큰일이에요. 성민 씨가 지금 눈이 하얗게 뒤집히고 상태가 심각합니다!"
요양보호사의 목소리는 떨렸다.
"어떻게 해야 할지 모르겠어요. 숨도 제대로 못 쉬세요."

복지사는 침착하게 말했다.
"얼른 119 부르세요. 빨리 병원으로 모시고 가셔야 합니다. 지금은 그 방법밖에 없어요."

그날 밤, 성민 씨는 결국 병원으로 실려 갔다.
그리고 새벽녘, 복지사에게 전화 한 통이 전해졌다.

"…성민 씨, 조금 전 돌아가셨습니다."

휴대전화를 쥔 복지사의 손이 떨렸다.
눈앞이 아득해졌다.

창문가에 앉아 있던 복지사는 스스로를 책망했다.
"그날… 내가 그 말을 했어야 했는데. 당신은 혼자가 아니라고, 예수님이 사랑하신다고… 천국의 소망이 있다고 전했어야 했는데…"
그는 고개를 감싸쥐며 한참을 울었다.

기회는 이미 지나갔다. 이제 돌이킬 수 없었다.

복지사는 조용히 속삭였다.

사랑은 미뤄서는 안 된다. 용기를 내야 한다. 그날 내가 했어야 할 한 마디… 미루다 결국 영영 할 수 없게 됐다. 기회는 기다려주지 않는다. 지금이 마지막일 수 있다.”

방 안에는 긴 침묵만이 흘렀다.

◑ 미루는 사랑, 잃어버린 기회

우리의 일상에는 수많은 순간이 흘러간다. 그중 어떤 순간은 두 번 다시 돌아오지 않는다. 임종을 앞둔 사람을 대할 때, 혹은 오래 연락하지 못한 친구와 마주할 때, 또는 가까이 있으면서도 늘 “언젠가”라고 말하며 미뤄왔던 사랑의 표현 앞에서 우리는 깨닫는다.

“그때 내가 말했어야 했는데.”
“조금만 용기를 냈더라면.”

돌봄 현장뿐 아니라 가정, 직장, 사회 전반에서 사람들은 사랑과 감사, 위로를 표현할 기회를 종종 잃어버린다.
그 이유는 간단하다. 미루었기 때문이다.

고(故) 이어령 선생은 "죽음 앞에서야 우리는 지금의 시간이 얼마나 소중한지 안다."라고 말했다. 그가 말년에 암 투병을 하며 남긴 고백은, 오늘이라는 시간이 단순한 하루가 아니라 '유일한 선물'이라는 깨달음을 준다.

사랑한다는 말, 미안하다는 말, 고맙다는 말은 언제든 할 수 있을 것 같지만, 사실은 언제든 할 수 없는 말이다.상대가 오늘 곁에 있다 하더라도 내일은 모른다.

그래서 사랑은 내일이 아니라 지금 해야 한다.

철학자 함석헌은 "씨앗은 뿌려져야 한다. 뿌려지지 않은 씨앗은 씨앗이 아니다."라고 했다. 생각만 하고, 마음에만 품어둔 사랑은 아직 뿌려지지 않은 씨앗과 같다. 그것은 언젠가 자랄 것 같지만, 결국은 싹도 틔우지 못한 채 사라지고 만다.

돌봄 현장에서 '해야 할 말'을 미루는 것은, 씨앗을 손에 쥔 채 흙에 심지 않는 것과 같다. 마음을 전하지 못한 채 시간이 지나버리면, 그 씨앗은 생명을 잃는다.

사회학자 김찬호 교수는 『삶의 무늬』에서 "관계는 상호작용 속에서만 살아 있다."고 말한다. 생각만 하고 표현하지 않는 관계는 실재하지 않는다. 말하지 않는 사랑은 사랑이 아니라 가능성일 뿐이다.

"언젠가 고마움을 전해야지."라는 마음은 상대에게 닿지 않는다.
"오늘 사랑한다고 말하자."라는 표현이 있을 때 관계는 살아난다.
관계는 표현될 때만 이어지고, 표현되지 않을 때는 끊어진다.

우리는 종종 체면 때문에, 남의 시선 때문에, 혹은 상황을 더 보아야 한다는 이유로 사랑의 표현을 미룬다.

"다음에 말하지 뭐."
"오늘은 분위기가 아니네."
그러나 이것은 한국적 정서가 가진 양날의 검이다.
배려와 절제라는 미덕이 될 수도 있지만, 동시에 사랑을 뒤로 미루는 핑계가 되기도 한다.

사회학자 전상인 교수는 "한국 사회는 유교적 전통 속에서 체면 문화가 강하다. 그러나 그것이 인간적 소통을 가로막을 때, 우리는 더 큰 손실을 겪는다."라고 지적했다. 사랑과 감사의 표현도 체면 때문에 미루다 보면, 끝내 기회를 놓치게 되는 것이다.

철학자 박이문 선생은 생을 "현재적 실존"이라 했다. 우리는 어제도, 내일도 살 수 없다. 오직 지금만 살 수 있다. 따라서 사랑과 위로는 지금 표현해야 한다.

돌봄 현장에서든, 가족과의 관계에서든, 사회적 만남에서든 "지금"의 책임은 무엇보다 무겁다. "내일"을 기약하다가는, 내일이 오지 않는 순간을 맞이할 수 있다.

사랑을 전하는 데 필요한 것은 거창한 희생이나 대단한 능력이 아니다. 그저 한마디 말, 작은 손길, 눈을 마주치는 용기면 충분하다.

국내 철학자와 사회학자들의 말처럼, 사랑은 씨앗이고, 관계는 표현될 때만 살아 있으며, 지금이라는 현재가 전부다. 그렇기에 우리는 더 이상 미루어서는 안 된다.

"사랑합니다."

"고맙습니다."

"당신은 혼자가 아닙니다."

이 짧은 말이 누군가의 삶과 죽음을 가르는 마지막 희망이 될 수도 있다. 기회는 기다려주지 않는다. 사랑도, 감사도, 위로도 오늘 해야 한다.

05

저물어가는 석양

경기 양주에 사는 백씨 부부가 있다. 오랫동안 사람들 사이에 '수원백씨' 라 불리며 명문가라는 긍지를 가지고 살아왔다. 하지만 남편은 지방 출장이 잦아 주말부부로 지내는 시간이 길었다. 매주 단 하루의 만남! 그래서 두 사람은 그 짧은 시간이 늘 기다려졌고 다시 떨어져야 하는 순간이 아쉽기만 했다.

어느여름, 아내가 먼저 조심스레 이야기를 꺼냈다.

"여보, 이번 주에 시간 낼 수 있어요? 우리 모처럼 날씨도 무더운데 여름휴가 한번 가는 게 어때요?"

남편은 기다렸다는 듯 눈을 반짝였다.
"그래, 나도 그 생각했는데, 자기도 같은 마음이었구나. 그럼 서해바다 가는 게 어때?
제부도 갈까."

그리하여 두 사람은 이틀간의 짧은 여름휴가를 내고 제부도 해수욕장을 찾았다. 이곳은 오래전 아직 어린 아들과 함께 왔던 추억이 서린 장소이기도 했다.

바닷물 속에 두 발을 담그자 서늘한 감촉이 온몸을 적셨다. 두 사람은 손을 휘저으며 조개를 찾기 시작했다.

"여보, 여기 조개가 너무 많아. 바구니 좀 가져와 봐!"
"하하 여기도 잔뜩 있어요. 참 신기하다. 그죠?
기억나? 예전에 아들이랑 왔을 때 아들이 조개 잡는다고 얼마나 좋아 했는지."

"그럼요. 벌써 30년전 이네요.."
"벌써 그렇게 됐나. 세월 참 빠르다.
우리도 나이 들어가는 것도 모르고, 애들 커가는 것만 생각하고 살았네."

조개를 한가득 담으며 두 사람은 어느새 어린 시절의 부모 마음으로 돌아가고 있었다. 해가 질 때까지 웃음소리가 파도에 섞여 흘렀다.

다음날이다. 부부는 바닷물에 함께 물을 담고 물을 튀기며 놀았다. 흥건히 젖은채 서로를 바라보며 웃는 모습은 마치 소년과 소녀 같았다.

저녁 무렵, 붉은 기운이 하늘에 번지자 아내가 말했다.
"여보 우리 저기 석양이 지는 바다 보러 가요. 모래밭에 앉아서 이야기도 나누고."

남편은 흔쾌히 동의 했다. 맥주 한 캔을 손에 들고 둘은 모래사장에 나란히 앉았다. 바닷바람이 얼굴을 스치고 저 멀리 수평선은 불그스레 타올랐다.

그 때, 한 아이가 환하게 웃으며 바다 쪽으로 뛰어갔다.

"어머 여보! 저 아이... 꼭 옛날 우리 아들 같지 않아요?"
남편은 아이의 뒷 모습을 오래 바라보았다.
"... 그러네. 정말 닮았다."

둘은 잠시 말을 잇지 못했다. 아들은 이제 훌쩍 커서 장가도 가고 미국이라는 머나먼 땅에서 자신의 삶을 살아가고 있었다

아내는 남편의 옆모습을 가만히 바라보았다.
주름이 하나 둘 깊어지고 희끗한 머리카락이 눈에 띄었다.

"여보 세월이 우리를 이렇게 만들었네요. 하지만, 참 고마워요! 그동안 우리 위해 당신이 얼마나 수고가 많았는지.
그 사이에 이렇게 주름 하나하나 늘었군요..."

그러나 그 말은 입 밖으로 나오지 않았다. 오로지 마음속 깊이 울려 퍼지고 있었다.

그 때 해변가 한 쪽에서 작은 유튜버가 방송을 진행하는 소리가 들린다. 음악방송을 라이브로 진행하는데 한 무명가수가 기타를 치며 잔잔히 노래를 부르고 있었다.
조항조의 '고맙소'

잔잔한 멜로디가 바람을 타고 두 사람 곁에 스며들었다. 남편과 아내는 눈을 감고 노래를 들었다. 말로는 다하지 못한 감정이 음악을 통해 서로에게 전해졌다.

아내는 속으로 말했다.
"여보 고마워요. 지금까지. 그리고 앞으로도."

남편은 아내의 손을 꼭 잡았다.

멀리 붉게 물든 석양은 두 사람의 노년을 축복하듯 바다 위에 반짝이며 내려앉았다. 제부도의 바다는 마치 한 폭의 그림처럼 그들의 사랑과 세월을 담아내고 있었다.

저물어가는 석양, 노년을 맞는 우리의 태도

석양은 늘 사람의 마음을 붙잡는다. 아침 해가 떠오를 때 느끼는 희망과 설렘과는 달리, 저무는 해는 어쩐지 가슴을 숙연하게 한다. 그러나 그것이 단순히 끝을 의미하지는 않는다. 붉게 타오르며 서서히 사라지는 해는, 오히려 하루의 절정을 장식하는 순간이자 마지막을 가장 아름답게 빛내는 시간이다.

노년 역시 그렇다. 젊음의 에너지가 사라지고, 삶의 속도가 느려지지만, 그 자리에 채워지는 것은 더 깊은 성찰과 따뜻한 감사다. "나는 나이 듦을 두려워하지 않는다. 오히려 그것은 또 다른 충만함의 시기다." 이

태도는 우리에게 주어진 남은 시간을 어떻게 살아갈지를 결정짓는 중요한 관점이다.

철학자 마르틴 하이데거(Martin Heidegger)는 인간을 '존재의 시간성' 속에서 이해했다. 삶이 유한하기에 오히려 그 순간이 소중해진다는 것이다. 노년은 이 진리를 온몸으로 확인하는 시기다. 젊을 때는 내일을 당연시하고, 이루지 못한 것에 아쉬워하며 늘 바쁘게 살아간다. 그러나 노년에 이르면 내일이 더 이상 보장되지 않음을 알기에 오늘이 귀해진다. '오늘을 긍정하는 태도'가 노년을 풍요롭게 하는 열쇠다. 주름진 얼굴과 느려진 걸음을 부끄러워할 이유는 없다. 그것은 살아온 날들의 증거이자, 인생을 성실히 걸어왔다는 표식이다.

노년은 잃어버림의 시기가 아니다. 오히려 다시 찾는 시기다. 경쟁과 성취에 매달리던 시간을 내려놓고, 비로소 '여유의 가치'를 배운다.

바닷가에 앉아 석양을 보는 것, 산책길에 핀 작은 들꽃을 바라보는 것, 오래된 친구와 차를 마시며 옛이야기를 나누는 것. 이러한 사소한 일상들이야말로 노년의 삶을 가장 풍성하게 만드는 요소다.

바뤼흐 스피노자(Baruch Spinoza)는 '기쁨은 인간의 존재를 확장시키는 힘'이라고 말했다. 노년에도 기쁨을 잃지 않고, 작은 것에서 즐거움을 발견하는 태도는 단순한 삶의 기술을 넘어, 존재를 더 크게 만드는 철학적 행위다. 노년이 주는 또 하나의 선물은 '감사'다. 지나온 길을 돌아보면, 힘든 순간도 있었고 외로운 시간도 있었지만, 결국 그 길 위에는 함께 웃고 울었던 이들이 있었다. 배우자, 자녀, 친구, 이웃… 그들과의 관계가 삶을 버티게 했다.

노년에 이르면 우리는 깨닫는다. 물질적 풍요보다 더 큰 재산은 곁에 있는 사람들에 대한 감사의 마음이라는 것을. 감사는 단순한 감정이 아니라, 삶을 해석하는 방식이다. 불평할 수 있는 자리에 감사를 놓을 때, 노년은 더 이상 쇠락이 아니라 충만한 절정이 된다.

노년은 회상의 시기다. 그러나 그 회상은 단순한 그리움이 아니라, 마음을 풍요롭게 하는 자산이다. 어린 자녀를 키우던 기억, 함께 여행하던 기억, 실패와 좌절을 딛고 다시 일어서던 기억들. 모든 순간은 한 편의 영화처럼 다시 재생된다.

철학자 키에르케고르(Kierkegaard)는 "삶은 뒤돌아보며 이해하고, 앞을 향해 살아가야 한다"고 했다. 노년의 회상은 단순히 과거에 머무는 것이 아니라, 오늘을 더 깊이 이해하게 하고 내일을 담담히 받아들이게 한다. 회상은 마음의 뿌리를 튼튼하게 만들어, 지금의 삶을 더욱 견고하게 한다.

누구나 언젠가 저물어 가는 석양을 맞는다. 그러나 그 석양은 어두움만을 뜻하지 않는다. 그것은 하루를 가장 찬란히 장식하는 순간이다. 노년 또한 그러하다. 젊음의 속도는 잃었지만, 그 대신 긍정의 수용, 여유의 즐거움, 감사의 풍요로움이 있다.

노년을 두려워하지 않고, 오히려 새로운 절정으로 받아들이는 것. 그것이 우리가 가져야 할 태도다. 언젠가 곁에 있는 이에게 이렇게 고백할 수 있다면, 그것으로 충분하다.

"고맙소. 함께해 주어, 내 삶이 이렇게 빛났소."

06

두 번째 봄

퇴직식 날 박 선생은 꽃다발을 들고 교문을 나섰다.

제자들의 환호와 동료 교사들의 아쉬움을 섞인 눈빛 속에서 그는 웃었지만 속으로는 복잡한 마음이 일렁거렸다.

"이제, 나는 어디로 가야 하지?"

몇십년간 교단에 서며 매일 수십 명의 학생을 만나던 삶을 순식간에 멈췄다. 더 이상 칠판에 분필을 긋지도 않고 교무실에서 시험지와 씨름하지도 않는다.

하루아침에 '선생님' 이라는 호칭이 사라지자 그는 마치 공중에 떠 있는 듯 했다.

경제적으로는 큰 문제가 없었다. 교직 연금 덕분에 생활비는 걱정이 없다. 그러나 시간이 남아돌았다. 아침에 일어나 신문을 읽고 산책을 다녀와도 하루는 너무 길었다.

책을 읽다보면 어느새 꾸벅 꾸벅 졸았고 TV는 지루했다.

"내 나이가 예순 셋! 하지만, 요즘으로 치면 마흔셋 쯤 되지…

이렇게 허송세월을 보내도 되나?

그는 깊은 한숨을 내쉬었다.

어느 날 전화 벨이 울렸다. 오랜친구였다.
" 야! 잘 지내냐? 요즘 뭐해.."
" 뭐 하긴, 그냥 집에 있지 허전하다."
"너 알바 한번 해 볼래? 아니, 봉사라고 해야겠구나."
"봉사?" 박 선생이 되 묻자 친구의 목소리가 밝아졌다.
"돌봄 서비스 라는 게 있어, 독고 노인이나 기초생활 수급자 중에 거동이 불편하거나 병원 가는 것이 어려운 분들에게 병원 동행 해주는 제도야...말벗도 해 주고, 하루야 몇시간 만 투자하면 돼..
네가 딱인 것 같은데.."

박선생은 귀가 번쩍 뜨였다.
"근데... 그런건 자격증 필요 없나. 혹시 있어야 하는 거 아냐?"
"맞아! 사회복지사 나 요양보호사 자격증 있으면 좋지."
박선생은 순간 웃음을 떠 뜨렸다.
"나 그거 있어! 재직 중에 틈틈이 따 놨거든."
"아, 진짜? 잘 됐다. 네가 하면 분명 의미 있는 일이 될 거야."

전화를 끊은 뒤, 박 선생은 한동안 생각에 잠겼다.
'그래 나도 아직 쓸모 있는 사람일 수 있지 않나?
단순히 집에 틀어박혀 지내기엔 인생이 너무 아깝지.'

며칠 뒤 그는 복지센터의 안내를 받아 첫 대상자를 만났다.
홀로사는 여든 살 노인이었다. 무릎이 불편해 병원가는 길 조차 혼자 하기 어려웠다.

"선생님! 고맙습니다. 나 혼자선 엄두가 안 났어요."

노인의 손을 잡아주며 박 선생은 조심스럽게 걸음을 옮겼다. 병원대기실에서 그는 노인과 이런저런 대화를 나누었다. 옛날 직업의 이야기, 젊은 시절의 추억을 더듬어 보고 요즘 세상 이야기도 즐겁게 나눴다.

노인의 눈 빛속에는 고마움과 안도감이 스며 있었다.

그 순간, 박 선생의 가슴이 뭉클해 졌다.

'아...내가 다시 필요해지는 순간이구나!'

집으로 돌아오는 길 그는 교단에 섰던 시절을 떠 올렸다.

학생들의 눈빛을 바라보며 느꼈던 보람이 이제는 또 다른 모습으로 되살아나고 있었다.

그는 몇 달 동안 여러 노인을 돌봤다. 병원에 동행하거나 잠시 말 벗이 되어주었다. 그러나 누구나 돌봄서비스는 길어야 두 달이다. 관계가 조금 익숙해질 만하면 종료되었다.

어느날, 마지막 인사를 나누던 노인이 박 선생의 손을 꼭 잡았다.

"선생님! 이제 안 오시는 거죠? 나 또 혼자가 되는 거네요."

그 말이 박 선생의 가슴을 깊이 파고 들었다.

집으로 돌아오는 길에 그는 길가 벤치에 앉아 한참을 하늘만 바라보았다.

"이건, 너무 짧다. 이분들에게 필요 한 건 단순히 병원 가는 동행이 아니라 사람 냄새야! 누군가? 내 옆에 있어 주는 것

그게 이분들이 가장 그리워 하는거잖아....."

며칠 뒤 그는 친구를 불러 내었다.

동네 근린공원 벤치에 앉아 진지하게 말했다.

"친구야! 나 생각 좀 해봤는데 우리 그냥 혼자 사는 어르신 자발적으로 만나러 가자. 서비스가 종료되어도 한 달에 한 번이라도 찾아가서 이야기 나누고 과일이나 간식 좀 사다 드리고, 원하면 기도도 해 드리는 게 어때?"

친구는 놀란 눈으로 그를 바라보았다.

"너 제정신이야. 거기까지 생각했어? 그게 그렇게 말 같이 쉬운 일 인 줄 알아."

박 선생은 단호하게 고개를 끄덕였다. 그래, 나 거기까지 생각했고 제정신이 아닐 수 있어. 그 말이 입가에 맴돌았지만 일단 멈추었다.

"알아, 하지만 누군가는 해야 할 일 아냐, 내가 배운 게 가르치는 거라면 이젠 사람으로 가르칠 차례가 온 게 아닐까?

나 혼자 잘 먹고 잘사는 것이 무슨 의미가 있겠어, 인생 후반기는 남을 위해 살아보고 싶은 거야. 좀 보람된 일을 하고 싶은 거지."

잠시 침묵이 흘렀다. 그리고 친구가 미소지으며 말했다.

"그래 너 답다. 우리 한번 해 보자! 나도 같이 합류할게."

그날, 저녁 박 선생은 집으로 돌아와 창문을 열었다. 저녁노을이 붉게 물들어 하늘이 눈앞에 펼쳐 졌다.

"나는 할 수 있다. 나는 그들의 친구가 될 것이다."

그의 눈가에 미소가 번졌다. 교단에서 내려 온지 얼마 되지 않았지만 그는 또 다른 교실을 찾은 셈이다. 이번 교실에는 책상도, 칠판도 없다. 대신 외로운 노인들의 마음이 교과서였고 그의 따뜻한 손길과 귀 기울임이 수업이었다. 그의 인생은 끝이 아니라 다시 시작되고 있었다. 그것은 인생의 두 번 째 봄이었다.

퇴직 후, 박 선생은 친구소개로 시작한 돌봄 활동이 벌써 수개월이 지나기 시작했다. 서비스가 종료된 대상자 몇 분을 박 선생은 그냥 지나칠 수 없었다. 끝났으니 다시 찾아가지 않아도 누가 뭐라 할 사람은 없다.

"형식과 제도는 끝났지만, 관계는 끝날 수 없어."

그는 한 달에 한 번이라도 직접 찾아가기로 했다. 간단한 과일이나 떡을 사 들고 가벼운 인사와 함께 문을 두드렸다.

어느 겨울날, 그는 홀로 사는 김 할머니 댁도 찾았다. 낡은 기와집의 대문은 삐걱거리는 소리를 내며 스르륵 열렸다.
"어이구 선생님! 누구신가 했네.. 이렇게 또 와 주셨네요."

할머니 얼굴에 반가움에 웃음 꽃이 화사하게 피어오르고 있었다.
방안으로 인도하는 할머니를 따라 들어간 박 선생은 감회가 새로웠다. 안에는 전기장판 위로 놓인 작은 탁자. 그 위에 다 식은 차 한 잔이 덩그러니 놓여 있었다.

박 선생은 따뜻한 호빵을 꺼내며 말했다.
"할머니! 이거 드시면서 몸 좀 녹이세요."

할머니는 두손으로 호빵을 꼭 쥐며 눈시울을 붉혔다.
"사람이 찾아와 준 게 얼마 만인지 몰라요.
말소리가 이 방에서 들리니 집이 갑자기 살아난 것 같네."

시간이 흘러 대화는 자연스럽게 깊어졌다.
"사실 요즘 밤마다 무서워요. 언제 아플지, 언제 쓰러질지. 이러다 혼자 죽는 거 아냐!. 그런 생각이 들 때가 있어요."
박 선생은 조용히 할머니 손을 꼭 잡았다.
"할머니, 너무 걱정하지 마세요. 괜찮아 질거에요. 제가 기도해 드려도 될까요?."

"그럼 좋지요 기도해 주세요, 이 할망구에게 힘이 될 것 같아요."
갑자기 자신을 할망구라고 하대하는 식으로 표현하는 것을 보니 이제 자신은 사람들한테 무례할 정도로 갈 때가 다 되었다고 생각하는 모양이다.

박 선생은 할머니를 위해서 짧게 기도했다.
"주님! 우리 할머니와 함께 있어 주시고 마음의 평안을 주세요. 외롭지 않게 하여 주시고 늘 사랑하셔서
건강하게 살아가실 수 있도록 인도하여 주시옵소서."
기도가 끝나자 할머니는 눈물을 흘렸다.
"누군가 나를 위해 기도해 준게 몇 십년만인지 몰라요..
선생님 고마워요! 이 순간 만큼은 내가 혼자가 아니네요."

박 선생은 그날 집으로 돌아오는 길에 마음속 깊은 울림을 받았다.
"내가 대단한 걸 한 게 아니구나. 그저 찾아가서 들어주고, 함께 있어 주었을 뿐 인데. .....

그게 저 분에게는 생명 같은 위로였던 거지.

그 후 그는 친구와 함께 작은 모임을 만들었다.

한 달에 한 번씩 네 가정을 찾아 나섰다. 일주일에 한 가정 꼴이다. 누군가는 간식을 준비하고 누군가는 청소를 맡아주고 누군가는 기도도 해드렸다. 그리고 다들 주변에 모여서 도란도란 이야기꽃을 피웠다.

어느새 그들의 발걸음을 단순한 '봉사'를 넘어 한 사람의 인생을 지켜주는 작은 등불이 되어 있었다.

봄이 찾아오던 어느 날, 박 선생은 친구들과 모임 자리에서 이렇게 고백했다.

"여러분, 저는 교직에서 있을 때 학생들에게 미래를 가르쳤습니다. 그런데 지금은 노인들을 만나며 '현재의 의미'을 배우고 있어요

교단을 떠난 뒤 허무할 줄만 알았는데 이렇게 또 다른 교실이 제 앞에 열릴 줄은 몰랐습니다."

그는 잠시 하늘을 바라보았다. 눈부신 햇살이 창가를 비췄다.

"내 인생의 두 번째 봄은.....

누군가의 외로움을 덜어주는 데서 시작되었던 거 였습니다.....

◑ 제2의 불꽃

퇴직은 인생에서 새로운 문턱이다. 수십 년간의 교직 생활을 마무리한 박 선생은 더 이상 교단에 서지 않았다. 그러나 그의 마음속에는 여전히 가르침과 봉사의 불씨가 살아있었다. 퇴직 후 그는 경제적 고민보다 "앞으로 무엇을 하며 살아갈 것인가."라는 삶의 의미에 대한 고민에 직면했다.

현대사회에서 평균수명이 길어진 만큼, 퇴직 이후의 삶은 단순한 '여생' 이 아니라 '제2의 인생' 이 된다. 그러나 많은 은퇴자들은 긴 시간을 어떻게 채워야 할지 몰라 허무와 무력감에 빠지곤 한다. 일할 수 있는 데도 일할 자리가 없고, 누군가를 돕고 싶은 마음은 있지만, 기회가 주어지지 않을 때 인간은 외로움과 무가치함을 느낀다.

박 선생의 고민은 곧 우리 모두의 고민이다. '무엇을 위해 살아야 하는가?'라는 물음은 나이가 들수록 더욱 절실해진다. 그러던 중 그는 돌봄 서비스를 통해 새로운 길을 발견한다. 단순히 돈을 버는 일이 아니라. 소외된 이들의 친구가 되어주고 병원에 동행하며 손을 잡아 주는 일, 그 일 속에서 그는 다시 '필요한 존재'로 서게 된다.

그러나 짧은 기간의 돌봄은 그에게 아쉬움을 남겼다. 사람에게 가장 결핍된 것은 의외로 물질이나 치료가 아니라 정서적 교감이었다. 외로움 속에 사는 이들은 함께 웃어 줄 한 사람, 기도해줄 한 벗을 필요로 했다. 박 선생은 깨달았다. 제도가 제공하는 서비스는 종료가 될 수 있으나 인간의 사랑과 섬김은 끝나지 않아야 한다는 것을

"지금까지는 나를 위해 살았다면 인생의 후반기는 타인을 위해 살자."

그의 결심은 단순한 선택이 아니라 철학적 선언이다. 퇴직 이후의 삶이 공허하지 않은 이유는 그것이 봉사와 나눔으로 채워질 때 진정한 의미를 부여해 주기 때문이다. 인간은 홀로 존재할 수 없다. 누군가의 길에서서 그늘이 되어줄 때 오히려 자신이 빛을 얻게 된다. 타인의 외로움 덮어줄 때 내 삶의 외로움에서 내가 치유를 받게 된다.

박 선생이 택한 길은 우리에게 묻는다.

"나는 나의 남은 시간을 무엇으로 채울 것인가. 스스로 안락함을 위해 쓸 것인가. 아니면 누군가의 버팀목이 되어줄 것인가."

그의 삶은 하나의 답을 보여준다. 퇴직은 끝이 아니라 나눔을 통해 다시 시작하는 두 번째 불이라는 것을

07

바닷가에서 마주한 노년의 빛

“여보 우리 그동안 바쁘다는 핑계로 여름 피서 안 간지 꽤 오래 됐지요, 같이 떠난 게 언제였나요. 기억도 가물가물하네요..

이번에 함께 갑시다.”

아내의 말에 송씨는 잠시 망설였지만, 거래처 일정이 연기된 덕분에 흔쾌히 동의할 수 있었다.

“그래 어디로 갈까?”

“꼭 정해진 곳 말고 발길 닿는대로 가요..자유롭게..”

다음날 부부은 서울에서 벗어나 강원도 영월에 도착했다.

깊은 산속스파펜션에서 따스한 물에 몸을 담그고 고요한 밤하늘의 별빛을 바라보았다. 서울에서 볼 수 없는 반짝임이었다

“여보! 저 별들 좀 봐요, 손만 뻗으면 잡힐 것 같아요.”

“그러게 여긴 세상과 동 떨어진 별세계 같아.”

펜션 주인은 나이가 지긋한 할아버지였다. 낡은 펜션을 고풍스럽게 가꾸고 손님들을 정성스레 맞이하는 그의 모습은 노후의 품격을 보여 주었다.

아내는 속삭였다.

"여보, 저 분 참 멋지지 않아요? 노년을 저렇게 온화하고 창의적으로 맞이하는 모습이 너무 멋진 것 같아요."

"그러게, 나도 저렇게 나이들 수 있을까?"

다음날 부부는 삼척 환선굴을 찾았다. 무더위속에서도 할아버지와 할머니들이 대형버스에서 내려 서로를 격려하며 힘차게 오르고 있다. 그들의 활력과 웃음은 오히려 젊은세대에게 삶의 용기를 전해 주는 것 같았다.

저녁이 되어 부부는 삼척해변을 찾아 나섰다. 바다는 이미 붉게 물들어 있었고 파도는 고요하게 모래사장을 적시고 있었다. 작은 그네 의자에 나란히 앉은 두 사람은 한동안 말없이 바다를 바라보았다.

"참 아름답네."

아내가 먼저 입을 열었다.

"저 바다 끝에는 뭐가 있을까?"

송씨가 미소를 지었다

"옛날 사람들은 왜 저 수평선 끝이 절벽이 있다고 믿었을까?

바닷물이 아래로 떨어진다고."

아내가 고개를 갸웃하며 웃었다.

"그러게요. 그럼 바닷물이 다 흘러내려 바닷물이 다 없어질 텐데.. 흘러 내려도 바닷물은 변치 않은데 왜 절벽이 있다고 생각했는지 참 순수한 상상 같아요."

"결국 사람들은 자기 눈에 보이는 만큼 만 세상을 보고 믿는 거지."

아내는 잠시 송씨의 손을 잡았다.

"여보 우리도 지금껏 바쁘다는 핑계로 서로를 다 못 본 것 같아요.

이렇게 와 보니까 내가 얼마나 당신이랑 이 시간을 그리워했는지 알겠어요."

송씨는 아내의 손을 꼭 잡으며 웃었다.

"이제라도 함께 하면 되지. 우리에게 아직 시간이 있잖아."

그때 뒤에서 잔잔한 음악 소리가 들렸다. 해변 한쪽에 작은 DJ부스가 마련되어 있었고 흰 셔츠에 넥타이를 맨 노신사가 음악을 틀고 있었다. 흘러나오는 올드팝 멜로디가 파도 소리와 섞이며 해변을 가득 채웠다.

잠시 후 무대 앞에는 노인복지관 어르신들이 단체로 등장하는 모습이 보인다. 모두 같은 색깔의 단체복을 맞춰 입었고 힘차게 북채를 잡으며 난타 공연을 시작했다. 북소리는 가슴을 울렸고 이어서 합창과 춤이 이어졌다. 구경하던 관광객들이 박수와 환호를 보내자 무대위 어르신들의 얼굴에는 기쁨의 환한 미소가 번졌다.

"여보 정말 멋지지 않아요? 나이 들어도 저렇게 활력 있게 무대에도 서고 세상과 나누고 함께 즐기는 모습이…"

아내의 목소리에는 감탄이 묻어 있었다.

송씨는 잠시공연을 바라보다가 고개를 끄덕였다."맞아 나이 든다고 주저앉을 게 아니라 가진 걸 나누고 사는 게 멋진 인생이지. 우리도 저렇게 살아갑시다.

늙음을 두려워 하지 말고 오히려 즐겁게 맞이하면서 말이요."

아내가 그의 어깨에 머리를 기댔다.

"그래요. 우리 둘이서 또 누군가와 함께 즐겁게 나이 들어 갑시다."

멀리 바닷가 위로 한 척의 배가 불빛을 밝히며 천천히 지나갔다. 그 불빛은 마치 앞으로 두 사람이 맞이할 노년이 지금보다 더 따뜻하고 더 빛날 것 임을 약속해 주는 듯했다.

◑ 노년은 끝이 아닌 또 다른 출발선

흔히 노년을 인생의 끝자락, 쇠락의 시간으로만 생각한다. 그러나 송씨 부부의 여행길에서 만난 노인들의 모습은 전혀 다른 이야기를 들려주었다. 노년은 새로운 출발선이 될 수 있고, 자기 세계를 확장하는 기회가 될 수 있다는 것이다.

영월의 산속 펜션에서 만난 노인은 오래된 건물을 스스로 가꾸며 손님을 맞이하는 삶을 살고 있었다. 단순한 숙박업이 아니라, 그에게 그것은 인생 2막의 창의적 무대였다. 낡은 공간을 정성껏 단장하며 젊은 손님들과 소통하고, 삶의 경험을 은근하게 나누는 그의 태도는 노년이야말로 새로운 세계에 도전할 수 있는 시기임을 보여준다.

삼척 환선굴에서 송씨 부부가 본 광경은 더욱 상징적이었다. 뜨거운 햇볕 속에서도 할아버지·할머니들이 대형버스에서 내려 지팡이를 짚고, 서로 손을 내밀며 험한 길을 웃음으로 오르고 있었다.

노년의 삶은 종종 "혼자"라는 단어와 연결되곤 하지만, 이들의 모습은 달랐다. 혼자가 아니라 함께 가는 길, 그것이 노년을 든든하게 하는 힘이었다. 한 사람의 넘어짐을 옆 사람이 일으켜주고, 물 한 모금을 나누어 마시며 함께 정상에 이르는 과정은, 인생의 어느 시기보다 더 깊은 공동체성의 가치를 일깨워 준다.

삼척 해변에서의 풍경은 또 다른 교훈을 전했다. DJ 부스에서 음악을 틀던 노신사, 그리고 단체복을 입고 난타와 합창 공연을 펼친 노인복지관 어르신들의 모습은 단순한 흥겨움 이상의 의미가 있었다.

그것은 바로 재능 기부의 노년, 즉 자기 삶을 세상과 나누는 적극적인 삶의 모습이었다. 그들은 "나이 들어 무엇을 할 수 있겠는가"라는 물음을 넘어, "나이 들어서도 여전히 할 수 있는 것이 있다"라는 답을 보여주었다. 자신이 가진 끼와 열정을 무대 위에 올려놓고, 관광객과 시민들에게 기쁨을 나누는 그들의 모습은 노년의 사회적 환원이 얼마나 아름다운지를 잘 보여주었다.

송씨 부부는 이틀간의 여행에서 노년을 새롭게 바라보았다.

- 여유

산속 펜션의 노인처럼 자신의 삶을 스스로 조율하며 풍요롭게 살아가는 태도.

- 도전

환선굴을 오르던 노인들처럼 나이에 굴하지 않고 새로운 길을 향해 나서는 용기.

- 나눔

해변 공연의 어르신들처럼 자기의 재능을 이웃과 사회에 환원하는 적

극성

이 세 가지가 어우러질 때 노년은 비로소 성공적인 시기가 될 수 있다. 그것은 단순히 오래 사는 삶이 아니라, 깊이 있고 가치 있는 삶을 만드는 과정이다.

송씨 부부의 여정에서 만난 노년의 얼굴들은 바로 우리 모두의 미래다. 나이 들어감을 두려움으로 받아들일 것인가, 아니면 도전과 나눔으로 빛나는 계절로 받아들일 것인가는 지금 우리의 선택에 달려 있다. 노년은 더 이상 고립과 소외의 시간이 아니다. 오히려 자신이 살아온 삶의 결실을 세상과 나누고 환원하는 시간이며, 새로운 배움과 새로운 사람들과의 만남을 통해 삶의 폭을 넓히는 시기다.

성공적인 노년은 우연히 주어지는 것이 아니라, 오늘의 태도와 준비에서 비롯된다. 적극적으로 세상과 연결되고, 새로운 도전을 두려워하지 않으며, 가진 것을 나누는 삶, 그것이야말로 우리 모두가 지향해야 할 노년의 모습이다.

08

기억이 머무는 자리

장례식장에 도착한 김씨 부부는 이미 많은 조문객들로 붐비는 복도에서 잠시 발걸음을 멈췄다. 오래전부터 췌장암으로 투병하던 외숙모가 끝내 생을 마감했다는 소식에, 마음 한켠이 허전했다. 그녀는 자식들에게는 한없이 따뜻한 어머니였고, 외삼촌에게는 둘도 없는 동반자였다. 늘 밝고 단단하던 모습이 눈앞에 아른거려 김씨의 눈가가 젖었다.

"오빠, 여기예요. 언니도 오셨네요."

큰딸이 빈소 쪽으로 길을 안내했다. 생각보다 가족들의 표정은 차분했다. 긴 투병 생활 덕분일까, 이미 마음의 준비를 오래전부터 해온 듯했다. 김씨 부부는 동생들과 함께 조문하고, 외삼촌을 위로했다.

"바쁠 텐데 이렇게 와줘서 고마워."

외삼촌의 목소리는 한없이 지쳐 있었지만, 감사의 마음이 배어 있었다. 식당으로 자리를 옮겨 육개장을 나눠 먹던 중 김씨가 조심스레 사촌 여동생에게 물었다.

"어머니 어디로 모시기로 했어?"

"엄마요? 충청도 산골에 아시는 분 땅이 있어서 거기에 뿌리려해요 납골당 같은 건 생각 안 하고 있어요."
"아니, 왜 납골당에 안 모셔?"

김씨는 의아한 눈빛으로 물었다.
"그냥 가족끼리 그렇게 하기로 했어요. 아빠도 괜찮다고 하셨어요."
사촌여동생이 담담히 답했다.
김씨의 젓가락이 멈췄다. 왠지 마음이 불편했다.

"그래도 말이야… 나중에 부모님 생각나면 찾아갈 수 있는 곳이 있어야 하지 않겠니?"
"괜찮아요. 저희끼리만 기억하면 돼요."

그 말은 담백했지만, 김씨 마음속에는 알 수 없는 아쉬움이 스며들었다.

육개장을 한입 뜨려던 순간, 지나가듯 들려온 사촌여동생의 말이 귀에 남았다.
"고모계신 가족묘 같은데면 좋겠지만.. 그건 안되잖아요. 엄마도 거기 좋다고 부러워 하셨는데..."

김씨는 그 말을 듣는 순간, 생각에 잠기며 잠시 혼잣말이 나왔다.
'아~ 거기. 왜 안돼?'
장례식장 밖으로 나와 커피한잔을 마시며, (골똘히 생각하다가) 김씨는 아내와 동생들을 불러 모았다.

"우리 가족묘 있잖아. 부모님도 계시고 이모도 모셨지. 외숙모도 그 옆에 모시면 어떨까?"

갑작스러운 말에 동생들과 아내는 놀란 눈빛으로 서로를 바라보았다.
"오빠, 그래도 돼?"
"뭐 어때? 꼭 김씨 집안 사람만 모셔야 한단 법 있어? 가족이라는 건 피보다 마음이 중요한 거야. 이모도 거기 모셨잖아."

잠시 정적이 흘렀다. 모두가 생각에 잠긴 듯했다. 가장 먼저 입을 연 건 김씨의 아내였다.
"당신이 그렇게 생각한다면, 저도 좋아요."
"그래요, 오빠가 알아서 결정하세요."

동생들도 하나둘씩 고개를 끄덕였다.
결심이 서자 김씨는 외삼촌과 사촌들에게 찾아가 조심스럽게 말을 꺼냈다.

"혹시 괜찮다면… 우리 가족묘에 외숙모를 모시면 어떨까 해요."
외삼촌댁 사람들의 표정이 순간 굳어졌다. 외삼촌은 손사래를 치며 말했다.

"아니야, 그럴 수는 없어. 고마운 마음은 알겠는데, 그건 너무 미안하지."

하지만 자녀들의 반응은 달랐다.
"아빠, 저희는 그곳이 좋겠어요. 엄마가 보고 싶을 때마다 찾아갈 수 있고, 고모님도 뵐 수 있잖아요."

그 말에 외삼촌은 입을 다물었다. 눈시울이 살짝 붉어졌다. 결국 그는 천천히 고개를 끄덕였다.

"그래… 그렇게 해 주면 고맙지…"

며칠 뒤, 외숙모는 김씨 가족묘로 모셔졌다. 바람에 흔들리는 산등성이, 잔디 사이로 스며드는 가을 햇살이 포근했다. 묘소 앞에서 사촌 삼남매는 한동안 말없이 서 있었다.

"엄마, 여기면 자주 올 수 있어요."
"고모도 고모부도 옆에 계시고, 이젠 외롭지 않겠네."

그들의 표정엔 슬픔 대신 평화가 깃들어 있었다. 한 사람의 결단이, 남겨진 사람들에게 위안을 주었다. 찾아갈 수 있는 '자리'가 있다는 것은 단순히 무덤 하나를 의미하지 않았다. 그것은 기억의 주소였고, 마음이 돌아올 수 있는 길이었다.

그의 삼촌은 묘소 앞에서 두 손을 모았다.
"누나, 매형.. 잘 계세요. 그리고… 고맙습니다."

그 순간 그는 알았다. 남겨진 이들에게 '찾아갈 곳'이 있다는 것이 얼마나 큰 위로인지, 그것이 결국 사랑의 또 다른 이름이라는 것을.

◐ 기억이 머무는 자리에서 삶은 계속된다

떠남보다 더 중요한 일이 있다. 남겨진 자의 '돌아올 곳' 말이다. 사람이 세상을 떠나면 모든 것이 끝나는 것 같지만, 실은 그때부터 시작되는 것이 있다. 그것은 남겨진 자들의 삶이다. 죽음 이후의 시간은 떠난 자의 것이 아니라, 그를 기억하며 살아가는 사람들의 것이다. 그래서 우리는 누군가를 보낸 뒤에도 여전히 찾아갈 수 있는 곳이 필요하다.

장례를 치른 뒤 시간이 흘러도 사람들은 그리움이 밀려올 때면 무의식적으로 발걸음을 옮긴다. 그곳이 산골의 한 자락이든, 도시 납골당의 한 모퉁이든, 중요한 것은 '장소' 그 자체가 아니라 마음이 향할 수 있는 주소라는 점이다. 인간은 눈에 보이는 형태와 공간 속에서 추억을 더듬고, 관계를 이어가며, 자신을 치유한다. 떠난 이를 기억할 '자리'가 있다는 것은 결국 남은 이들의 삶을 위한 것이기도 하다.

철학자 마르틴 하이데거(Martin Heidegger)는 인간의 존재를 "세계-안에-존재(Being-in-the-world)"라고 정의했다. 이는 우리가 단순히 세계에 '있다'는 의미를 넘어, 세계와 관계 맺으며 존재한다는 뜻이다. 살아있는 동안에도 우리는 공간과 관계를 통해 정체성을 형성한다고 했다. 그렇다면 죽음 이후의 존재 또한 관계를 통해 이어진다고 볼 수 있다. 무덤, 납골당, 기념비… 그것은 단순한 물리적 장소가 아니다. 그것은 한 사람과 남겨진 이들 사이의 연결 고리이며, 관계가 완전히 끝나지 않았음을 증명하는 '증좌(證據)'다. 어떤 사람에게 그곳은 기도의 자리이고, 어떤 사람에게는 용서를 구하는 공간이며, 또 어떤 사람에게는 말하지 못한 사랑을 속삭이는 무대다. 장소는 그렇게 관계의 연속성을 품고 있다.

죽음 이후에도 관계가 지속되려면 누군가의 '결단'이 필요하다. "어디에 모실 것인가"라는 결정은 단순한 행정 절차가 아니다. 그것은 남겨진 사람들의 삶의 방식을 결정하는 행위다. 한 사람의 선택이 누군가에게는 평생의 위안이 되고, 또 누군가에게는 슬픔을 다루는 방식이 된다. 가끔 사람들은 '산골에 뿌리는 것도 자연으로 돌아가는 것이라 좋다'고 말한다. 맞는 말이다. 그러나 동시에 우리는 "돌아올 수 있는 길"을 만들 필요가 있다. 그 길을 따라 다시 찾아와 마음을 다독이고, 삶을 성찰하고, 사랑을 되새길 수 있기 때문이다.

'찾아갈 곳이 있다'는 사실은 남은 자들에게 이렇게 속삭인다.

"그가 사라진 것이 아니라, 여전히 여기 있다." 이 깨달음은 애도의 끝이 아니라 치유의 시작이다.

시간이 지나도 잊히지 않는 장소들이 있다. 그곳에서 나눈 말, 함께 걸었던 길, 마지막으로 손을 잡았던 순간이 고스란히 남아 있기 때문이다. 장소는 단순한 물리적 좌표가 아니라 기억을 담는 그릇이다. 그렇기에 한 무덤 앞에서 우리는 세월을 거슬러 그와 다시 대화하고, 납골당 유리문 너머로 여전히 미소 짓는 얼굴을 떠올린다. 이것은 단지 감상적인 행위가 아니다. 그것은 삶을 지속하는 방식이며, 인간이 관계를 맺는 고유한 방식이다. 레비나스(Levinas)가 말했듯, "타자(他者)는 죽음 이후에도 우리 안에서 계속 말한다." 장소는 그 '목소리'를 듣기 위한 하나의 문이다. 그 문이 없다면, 기억은 점점 사라지고, 관계는 이내 희미해진다.

떠난 이를 잊지 않는다는 것, 그것은 나를 지키는 일이다. "그리움은 떠난 이를 위한 것이 아니라 남은 이를 위한 것이다." 어떤 작가는 이렇게 말했다. 떠난 이를 기억하는 행위는 결국 내 삶을 지탱하는 행위다. 무덤 앞에서 흘린 눈물이 나를 치유하고, 그 이름을 부르는 순간 내가 살아있음을 느끼는 것처럼 말이다. 그래서 우리는 기억이 머무는 자리를 만들어야 한다. 그것이 납골당이든, 가족묘이든, 작은 기념 나무 한 그루이든 상관없다. 중요한 것은 그곳에서 내가 그를 다시 만나고, 내 삶을 돌아보고, 앞으로의 길을 걸어갈 힘을 얻을 수 있다는 것이다.

인생은 떠남의 연속이지만, 진정한 이별은 없다. 우리가 기억을 품는 한, 관계는 이어지고 사랑은 계속된다. 찾아갈 수 있는 곳이 있다는 것은 단순히 죽은 이를 위한 배려가 아니다. 그것은 살아있는 우리를 위한 가장 깊은 위로다. 결국 "기억의 자리"는 죽음의 종착지가 아니라, 삶이 다시 시작되는 출발점이다. 그곳에서 우리는 그리움을 다독이고, 사랑을 되새기며, 내일을 살아갈 힘을 얻는다. 그것이 바로 '기억이 머무는 자리'가 우리에게 주는 가장 큰 선물이다.

09

우리는 서로의 거울이었다.

그해 가을, 우리는 서로의 거울이었다. 가을볕이 아직 따뜻하게 남은 토요일 오후, 고향 친구 다섯 부부가 오랜만에 다시 한자리에 모였다. 분기마다 한 번씩 갖는 정기모임. 젊을 때는 회식이었지만, 지금은 '삶의 쉼표'라 불렀다.

정성껏 차린 밥상 위에는 소고기 갈비가 지글지글 익고 있었다.
그런데 오늘은 한 부부가 보이지 않았다.

"오늘 수형이네 안 오나?"

일용이가 불판 위 고기를 뒤집으며 물었다.
"아, 오늘은 못 온대. 딸 가족이랑 강릉으로 나들이 갔대."
병선이의 대답에 모두가 고개를 끄덕였다.

"그래, 애들도 크면 같이 움직일 날이 얼마 안 남으니 그럴 만하지."

연기 사이로 웃음이 피어오르고, 조금씩 이야기가 깊어졌다. 고향 친구들의 모임은 언제나 그렇게 시작됐다. 농담으로 열리고, 현실의 무게로 닫혔다.

"병선아, 요즘 택시 일은 어때? 경기가 어렵다던데."

일용이가 물었다. 병선이는 갈비 한 점을 상추에 싸 먹으며 담담히 답했다.

"뭐, 그냥 그래. 남들만큼 버는 거지. 그래도 일하는 맛은 있어."

"에이, 병선이는 워낙 부지런하잖아."

광성이가 웃으며 끼어들었다.

"사람이 필요로 하는 곳을 잘 찾아다니잖아. 감이 좋아서 그런가, 손님들이 끊이질 않는다던데."

그 말에 병선이는 말없이 웃었다. 퇴직 후, 그는 택시 운전을 제2의 인생으로 택했다. 낯선 손님들과의 짧은 대화, 서울 외곽의 도로 위에서 듣는 라디오 소리, 그 모든 것이 이제는 삶의 일부였다.

잠시 고요가 흘렀다.

누군가의 깊은 한숨이 그 고요를 깼다.

"가만히 앉아서도 돈 버는 사람도 있는데 말이지…"

병선이의 입에서 나온 말이었다.

"서울에 있는 사람들은 땅값, 아파트값으로 벌써 인생 역전했잖아.
우린 하루종일 뛰어도 그 사람들 발끝도 못 따라가."

그의 말에 모두 조용해졌다.
불판 위의 고기만 지글거리는 소리가 들렸다.
"수형이는 일찍 자리 잡아서 똘똘한 아파트 한 채가 효자 노릇하잖아."

"그렇지. 우리는 뭐야. 서울 사람하고는 비교도 안 되지."
"요즘은 집 한 채가 인생의 기준이 되어버린 세상이야.
씁쓸하다."

그때 광성이가 고개를 들었다.
"야, 병선아."

그는 갈비를 젓가락으로 들며 말했다.
"그렇게 비하하지 마. 우리가 살면 얼마나 더 산다고,
이제는 그런 비교에서 벗어나야지. 다들 열심히 살았잖아.
그걸로 충분해."

"맞아."
일용이도 거들었다.
"우리 똘똘한 집 한 채 없어도 아쉬울 거 뭐 있냐.
이제는 건강 챙기고, 아내랑 잘 지내고, 친구 만나서 웃고 그러면 됐지."

"그렇지. 비교하지 말고 지금 이 순간 즐기자."
광성이가 콜라 잔을 들어 올렸다.
"우리 이 나이에 감사하며 사는 게 최고야."

잔들이 부딪히며 '짠' 하는 소리가 산골의 공기를 울렸다. 불빛 아래, 친구들의 얼굴엔 주름이 많았지만 표정은 젊었다.
누군가 말했다.

"이젠 남의 눈치 보지 말고, 물질의 무게 내려놓고, 자기 마음 돌보며 사는 게 진짜 잘 사는 거야."

"옳소이다!"
모두가 웃으며 박수를 쳤다.

그날 밤,
서서히 어둠에 잠기고, 가로등 불빛이 또 다른 세상을 비추었다. 병선이는 조용히 자리에서 일어나 하늘을 올려다봤다.
별이 총총했다.

"비교를 멈추니, 참 편하다…"

그의 마음에 잔잔한 평화가 내려앉았다. 멀리서 친구들의 웃음소리가 들려왔다. 그 웃음은 세상 어떤 음악보다 따뜻했다.
그해 가을, 그들은 서로의 거울이었다. 서로를 통해 자신을 비춰보며, 비교 대신 감사로, 욕심 대신 웃음으로 노년의 하루를 아름답게 채워갔다.

◑ 비교를 버리고 나를 돌보는 법

세월이 흐를수록 사람은 비교에 익숙해진다. 젊을 때는 친구의 직장과 자식 성적을 비교하고, 중년이 되면 재산과 건강을 비교하며 살아간다. 그리고 노년에는, '남은 생'을 비교한다.

"저 사람은 집이 몇 평인데", "저 부부는 아직도 여행을 다니더라." 이런 말들이 습관처럼 입에 붙는다. 하지만 인생의 황혼기에 이르러서야 우리는 비로소 깨닫는다. 비교는 결코 행복을 낳지 않는다는 것을.

바뤼흐 스피노자 (Baruch Spinoza)는 말했다. "비교는 결핍에서 비롯된다." 남의 것을 바라볼 때마다, 우리는 자신이 부족하다고 느낀다. 노년의 삶에서 가장 큰 불행은 가난이 아니라 '상대적 결핍감'이다. 남과 나의 차이를 잴수록, 나 자신은 점점 작아지고 감사할 이유는 줄어든다.

한나 아렌트(Hannah Arendt)는 『인간의 조건』에서 "행복은 타인의 기준이 아니라, 자기 존재의 의미에서 발견된다."고 말했다. 노년은 그 의미를 되찾는 시기다. 젊을 땐 남의 시선을 신경 쓰느라 놓쳤던 '나'를 회복하는 시기이기도 하다.

철학자 폴 미셸 푸코(Paul-Michel Foucault)는 '자기 배려(care of the self)'를 인생의 궁극적 실천이라 했다. 그는 "자신을 돌보는 사람만이 타인을 진정으로 돌볼 수 있다"고 말한다. 노년의 행복은 화려한 외출이 아니라, '자기 마음의 안식처'를 다시 꾸미는 일이다. 아침 햇살에 잠깐 산책하고, 한 잔의 차를 마시며 지난날을 떠올리고, 나를 괴롭히던 미련 하나씩 내려놓는 것이다. 이런 작고 평범한 일상이 바로 '삶의 예술'이다.

한 연구에 따르면, 노년의 정신 건강을 지탱하는 가장 강력한 요인은 '관계'라고 한다. 돈도, 명예도, 건강도 관계를 대신 하지 못한다. 함께 웃어주는 친구, 이야기를 들어주는 배우자, 잠깐 안부를 묻는 이웃이 노년의 외로움을 덜어주는 가장 큰 약이다. 따라서 진정한 자기 돌봄은 '함께 웃는 삶'을 만드는 일이다. 누군가와 밥 한 끼 나누며 웃을 수 있다면, 그 사람은 이미 행복한 사람이다.

삶의 후반전은 '내려놓음의 기술'이다. 비교를 버리고, 소유의 집착을 버리고, 그 자리에 감사와 여유를 채워 넣는 일이다."내가 가진 게 많지 않아도,지금 이렇게 웃을 수 있다면 그게 행복이지."노년의 지혜는 바로 이런 단순한 진리 속에 있다. 물질은 줄어도 마음은 넓어지고, 관계는 줄어도 의미는 깊어진다. 그것이 노년의 아름다움이다.

노년은 경쟁의 무대가 아니라, 성찰의 시간이다. 남보다 잘 살기보다, '나답게 살기'를 배워야 하는 시기다. 자기 몸을 돌보는 것은 곧 영혼을 돌보는 일이다.그 마음이 평안하면 세상 모든 풍경이 아름다워진다. "비교를 멈추면, 남은 생이 선물처럼 느껴진다." 이 말은 단순한 위로가 아니다. 그것은 인생의 진실이다. 이제 우리는 남의 그림자를 좇는 대신, 자기 내면의 빛을 따를 때다. 그 빛이 바로 행복한 노년의 시작이다.

맺는 말

마음이 닿아야 비로소 보이는 것들!
이 책의 끝에서, 우리는 다시 처음의 질문으로 돌아온다.
"당신은 지금, 누구의 곁에 서 있나요?"

이 질문은 정답을 요구하지 않는다. 그저 삶의 안부를 묻는 가장 조용한 인사일 뿐이다.

인간은 혼자 살아갈 수 없다. 우리는 누군가의 곁에서 위로를 받고 또 누군가에게 기대어 하루를 견뎌낸다. 삶은 언제나 '함께 있음' 속에서 이어져 왔다.

그러나 함께 있다는 사실은 마음이 닿지 않으면 좀처럼 느껴지지 않는다.
곁에 있어도 외롭고 말을 나누어도 마음이 닿지 않는 순간들이 우리의 일상 속에 너무도 많다.

이 책에서 말하고자 한 돌봄은 거창한 제도나 역할의 문제가 아니다.
그 출발점은 언제나 마음이 닿는 순간에 있다.

마음이 닿아야 비로소 보이는 것들이 있다.

누군가의 얼굴에 스친 피로, 말끝에 남아 있는 망설임, 괜찮다 말하면서도 조금 늦춰지는 걸음. 그런 것들은 가까이 있어도 마음이 닿지 않으면 보이지 않는다.

우리는 흔히 돌봄을 희생이나 책임으로 오해한다. 그러나 일상의 언어로 풀어보면

돌봄은 '당신의 외로움을 알아채는 마음'에 가깝다.

손을 꼭 잡아주는 일보다 말없이 옆에 머무는 일,

조언보다 먼저 안부를 묻는 일,

하루에 한 번

"오늘은 어땠어?"라고 묻는 일.

그 소소한 순간들이 한 사람의 마음을 지탱 한다.

마음은 눈에 보이지 않지만, 닿는 순간 삶의 방향을 바꾼다.

가족일 수도 있고 이웃일 수도 있으며 매일 스쳐 지나가던 이름 모를 누군가일 수도 있다.

마음이 닿는 순간,

그 사람은 더 이상 '지나치는 존재'가 아니다.

비로소 한 사람으로 다가온다.

우리는 타인을 돌본다고 생각하지만 사실 마음이 닿는 경험은 우리 자신을 비추는 일이기도 하다. 내가 어떤 사람으로 살아가고 있는지, 무심함과 따뜻함의 경계에 어디쯤 서 있는지를

그제야 알게 된다.

어느 노인의 말처럼,
“누군가가 내 말을 끝까지 들어준 날은
하루가 덜 외로웠다.”
마음이 닿는다는 것은 문제를 해결해 주는 일이 아니라,
외로움을 혼자 두지 않는 일이다.

현대사회는 편리해졌지만 마음의 거리는 오히려 멀어졌다.
기계는 많은 일을 대신하지만 사람의 온기까지 대신할 수는 없다.

노년의 외로움,
청년의 불안,
아이들의 방치된 마음.
그 뿌리에는 대부분
‘곁은 있으나 마음은 닿지 않는 현실’이 놓여 있다.

우리는 너무 가까운 존재일수록 그 소중함을 잊는다.
늘 옆에 있다는 이유로,
언제나 있을 것처럼 여기기 때문이다.

그러나 부재는 늘 늦게 찾아온다. 그리고 그제야 깨닫는다.
돌아보지 못한 마음,
건네지 못한 한마디,
미뤄두었던 안부 인사들을.

늦기 전에 돌아보는 것 그것이 돌봄의 시작이다.
돌봄은 특별한 능력이 아니라 마음의 태도다.

밥을 함께 먹고 눈을 마주치고, 하루의 끝에 안부를 묻는 일.

그 온기가 쌓일 때 한 사람의 삶은 쉽게 무너지지 않는다.

이 책의 마지막에서 다시 한 번 묻고 싶다.

지금,
당신의 마음은
누구에게 닿아 있나요?

그 질문을 품고 당신의 일상으로 돌아간다면,
이미 우리는 돌봄의 길 위에 서 있다.

마음이 닿는 사회는 사람을 소모하지 않는다.
사람을 기억한다.

그리고 그런 사회는
결코 쉽게 무너지지 않는다.

마음이 닿아야 비로소 보이는 것들

인쇄일 : 2026년 1월 20일
발행일 : 2026년 1월 20일
저 자 : 김 재 경
발행처 및 인쇄 : 도서출판 홍광
서울특별시 중구 초동 42 아시아미디어타워 601
TEL : 02-797-6101

ISBN : 979-11-91422-35-1 정가 15,000원